JN087672

第２章　イメージの本質

図２−１　ラス・マノス洞窟の手形

第５章　自然とイメージ２

図５−１　白井さんの風景構成法

第６章　自然とイメージ３
火と水の祭り――那智の火祭

口絵１　大瀧の前に並べられた扇神輿

口絵２　御火行事における大松明

第７章　自然とイメージ４
海と山の祭り――塩屋ウンガミ

口絵３　神女によるカミアシビ

口絵４　ハーリー競争

第12章　イメージの現場から1
異文化と芸術療法（アートセラピー）

口絵5
夏比安民宿（代表：林暁蘋氏）のグループ療法用スタジオ
（撮影場所：花蓮　撮影：森里子）

口絵6
夏比安民宿のアートセラピールーム
（撮影場所：花蓮　撮影：森里子）

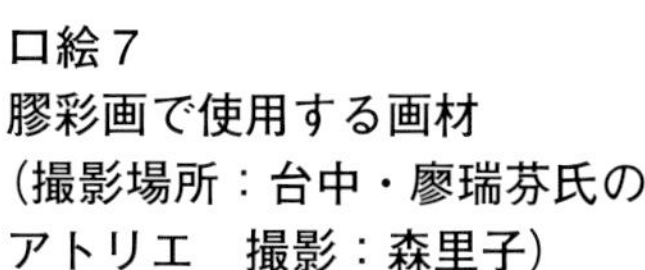

口絵7
膠彩画で使用する画材
（撮影場所：台中・廖瑞芬氏のアトリエ　撮影：森里子）

第13章　イメージの現場から2
精神科病院における芸術療法

写真13－1　あさがお
朝顔作画2年目の10月

写真13－2　あさがお想像
朝顔作画5年目の8月

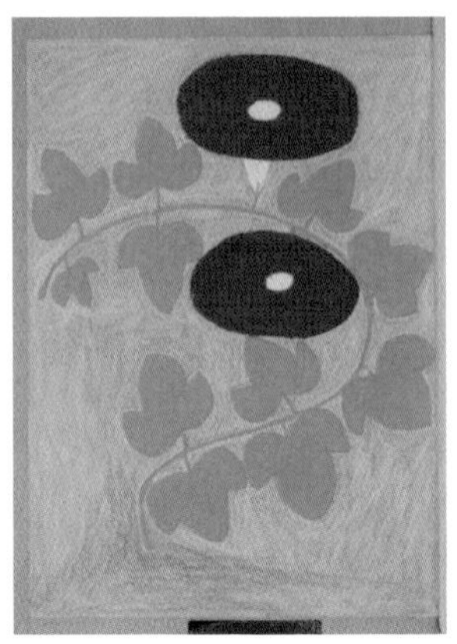

写真13－3　あさがお想像
朝顔作画5年目の8月

写真13－4　あさがお想像
朝顔作画5年目の9月

写真13－5　あさがお
朝顔作画9年目の1月

イメージの力

イメージの力（'24）

装丁デザイン：牧野剛士
本文デザイン：畑中　猛

m-22

まえがき

さて，なぞなぞです。これって何でしょう？

「くろくって，あまくって，あったかくて」

皆さんは，何を想像しますか？　おそらく「あまくって」という言葉から，何か甘い食べ物なんだろうなとイメージされるのではないでしょうか。それが，あたたかくて黒い色をしている，とすると，ホット・チョコレート？　ココア？　できたての黒蜜？　できたてのチョコプリン？　…洋ものを並べてしまいましたが，実は，発言者の正解は「お汁粉」でした。幼い子が，母親に食べたいものを，自分の持つことばを駆使して伝えようとしているのですが，大人側は，かなりのイメージを駆使する必要があります。例えば具体的には，子の体験を思い返し，思い当たるそのものを視覚・味覚・触覚をはじめとした五感をフル活用し，過去へ未来へと思いを馳せ，何を想像できるのか，となるでしょう。マルチタスクなイメージ力が鍵となると思います。

本科目は，上記のような謎解きを求められるような臨床現場に従事する6名が，それぞれの専門をイメージというキーワードでコラボして生まれました。章タイトル自体は必ずしも自専門ではありませんが，内容は，各人の得意とするイメージにちなんだ内容が展開します。

前半は，イメージというものを広くとらえ，必ずしもセラピーだけにとらわれず，イメージの世界に誘い，後半は，各論的に進みながら，現場での様子をお届けしていきます。自然とイメージのつながりを，岸本寛史先生と橋本朋広先生，身体とのつながりを，北本福美先生と岸本寛史先生に，そして，臨床現場を，中川龍治先生と森里子先生にご講義いただきます。佐藤は，全体をつなぐ役割として，文化や時代性，言葉，人と素材に焦点を当てていきます。

タイトルの「イメージの力」は，恩師のひとりであり，日本の芸術療法の創始者でもある徳田良仁先生（1925－2021）が大切としていた言葉です。佐藤は，学生時代より教えを受け，2年弱ではありますが，先生のスーパーバイズ下で，多種多様な精神疾患を持つ方の表現にふれさせていただきました。そこでは，イメージが言葉を補い，言葉となり，奥底の思いを吐露する助けとなり，誰かとつながることができ，時をつないで紡ぎ，居場所ができていきました。不思議な力に導かれて，今の私があります。天のかけ橋になられた恩師に感謝を込めて，そして，宙からの贈り物を，この1冊に込め，皆さんにお届けしたいと思います。

本科目制作をともにしてくださった編集者の入沢より子様，プロデューサーの榎波由佳子様，ディレクターの加藤愛様をはじめ，支えてくださった皆様に，心より感謝申し上げます。

2023年12月吉日
佐藤仁美

目次

学びの深まりと広がりのきっかけづくり，放送教材の補足資料として，コラムを設けました。必ずしも掲載頁が前後の内容に即していませんが，関連章を記載しましたので，あわせご覧ください。

1　イメージをめぐる物語

佐藤仁美

Volcán de Agua　Antigua Guatemala にて

（筆者撮影）

《学習のポイント》 イメージとは何か。一般的な，いわゆる「イメージ」から，アートの立場によるイメージ，心理臨床におけるイメージのとの関わり，考え方などをいくつか概観する。
《キーワード》 イメージ，アート，表現，哲学的等価

1. イメージをひも解く

「富士山」と聞いて，イメージするのはどんな形だろうか。

標高3,776m（国土交通省国土地理院）日本最高峰の富士山〈剣ヶ峯（けんがみね）〉は「美しい円錐形」と言われており，日本全国に「○○富士」が存在するばかりではなく，世界にも富士山似の山が存在する。例えば，グアテマラのアンティグアから見えるアグア火山（章扉）は標高3,760m，山頂付近に火口湖もあり，高さも形状も富士山に類似している。「アグア」は，スペイン語で「水」を意味する。

富士山は実際に，静岡側から見える形（図1-1）と，山梨側から見える形（図1-2）は，微妙に異なる。また，さまざまな角度・状況・時と場によっても，富士山はさまざまな表情を見せてくれる。

「○○富士」の存在は，見た者の多くに「富士山に似ている」という

図1-1　静岡側からの富士山

図1-2　山梨側からの富士山

視覚的な経験に基づく共通イメージを想起させ，その土地の名などがついた富士となったと思われる。そこには，「富士山」という既知のものがそれぞれの記憶の中に存在し，対象となるその山を見たこと（物理的刺激）により，記憶の扉が開かれ，円錐形の「富士山」像に結びついたものと考えられる。筆者自身，グアテマラのアンティグアを訪れ，アグア火山を目にしたとき，グアテマラにいながらも日本の富士山を眺めているかのような錯覚に陥った経験がある。

広辞苑で「イメージ」を引くと「①心の中に思い浮かべる像。全体的な印象。心象。②姿。形象。映像。」と書かれている。心象とは「意識に浮かんだ姿や像。心像。」，心像とは「過去の経験にもとづいて意識の中に思い浮かべた像で，現実の刺激なしに起こるが，感覚的性質をもつもの。意図的に喚起・構成したり，操作が加わったりすることもあり得る。表象の一つ。心象。イメージ。」となっている。さらに，表象とは「①象徴に同じ。②〔哲・心〕（独 Vorstellung）知覚に基づいて意識に現れる外的対象の像。対象が現前している場合（知覚表象），記憶によって再生される場合（記憶表象），想像による場合（想像表象）がある。感覚的・具体的な点で概念や理念と区別される」とある。

「○○富士」は，知覚表象・記憶表象・想像表象の混ざり合ったイメージの結晶ではなかろうか。イメージのなせる業は，視覚的要因にとどまらない。

真っ暗闇の中で，ガサガサっと物音がしたとする。どんな気持ちになるだろうか？　何を想像するだろうか？

ある人は「風」と言うかもしれない。またある人は「獣」と思うかもしれない。子どもだったら「（お化けが）出た！」と怖がるかもしれない。私たちは，見えないのもの，得体のしれないもの，判別がつかないものに対し，不安を覚え，何らかの意味づけをすることで，安定感，安心感を取り戻したいと思うことが少なくない。換言するならば，正体の知れないものに名前をつけたり意味づけることで，自分の気持ちを収めようとしているのかもしれない。心理学的に，対象がないものへの怖さは「不安」，対象のあるものへの怖さは「恐怖」と言われている。姿が見えず得体のしれない物音（聴覚刺激）は，「不安」を掻き立てやすい。

創造上の対象物は，そうしたイマジネーションから生まれてくるのかもしれない。また，その行為によって，人は，ほっとしたりも，逆にかえって恐怖心をあおられることにもなるかもしれない。イメージの力は，プラスにもマイナスにも多様に働くものといえる。

2. アートに表現されたイメージ色

若桑（1993）は，美術史の立場から，イメージを「目に見えるもの」とし，「美術というものは言語ではなく，非言語的な『表現』（なんらかの目に見えない感情や思想やメッセージを，目に見えるかたちによって表現すること）の行為であり，その結果としての作品ですから，だれが見てもはっきりした言語記録を解釈するのとはちがった，特別な方法が必要」であり，「人間というものが言語によってばかりではなく，イメージによって，ことばで表せないようなじつに意味深いものを表現する，あるいは表現してきた生きたものであること」は自明で，「言葉による表現と行為やイメージによる表現のすべてを理解してこそ，人類なり人類の歴史なりがトータルに理解され，意味づけられる」と説く。

次の絵画（図 1 - 3）をご覧いただきたい。どんなイメージが浮かんでくるだろうか。

図 1 - 3 は，フランドルの画家ピーテル・ブリューゲル（Pieter Bruegel，1525 ～ 1530 頃 -1569）により 1560 年に描かれた油彩画『子

図1－3　ブリューゲル『子どもの遊戯』118cm × 161cm　1560 年

どもの遊戯』である。ウィーンの美術史美術館に収蔵･展示されている。

森（1989）によると，描かれている子どもたちは，幼児から若者まで幅があり，多種多様な遊戯が 80 種ほど描かれているが，ブリューゲルの意図は，単に子どもの遊びを『百科全書的』あるいは「づくし的」に表そうとしたものではなく，子どもは遊びに，大人は仕事に没頭する真剣さを，同列に並べることを意図とし，神の目から見れば，子どもの遊戯も大人の仕事も重要さでは変わらないということのようだ。逆説的に，町中が子どもたち（の遊び）で占められていることは，市政を取り仕切っている大人たちが神の目から見れば子ども同然だという暗喩とも指摘されている。ブリューゲルの生きた時代でもある 1530 年に出版された匿名のフランドルの詩に，「人類は馬鹿げた遊びに夢中になっている子どもと同じだ」という表現があるように，上記のような発想は当時の文学にも見られるものであったという。

それればかりではなく，当時は，産業の発達により国際貿易都市としての繁栄にともない商店や住宅が次々と建てられ，子どもたちが思い切り飛び回れるような空き地が減少していき，日常的に通りは荷馬車，商人，買い物客などでにぎわっており，子どもたちが町中を占拠して遊び回るという風景はあり得なかったという。これは，1559年の油彩画『ネーデルラントの諺』（図1－4）において，畑，川，農村，作業小屋，店，城壁などが一画面に収められ，当時の生活空間が一望できるようになっている。この人々の生活空間が一画面上に組み合わされている『ネーデルラントの諺』の手法と，多種多様な遊戯が80種ほど描き込まれている『子どもの遊戯』は，一画面に多くの要素を取り入れる画面構成とい

図1－4　ブリューゲル『ネーデルラントの諺』117cm × 163cm　1559年

う点で共通し，ブリューゲルのイメージ表現の特徴として考えられる。

森（1989）は，『子どもの遊戯』に込められたブリューゲルの思いとして，子どもの成長に遊びが大切だというメッセージを読み取っている。「子供は遊びを始めるとき，まず目標を定め，場所，道具，遊具，仲間を選ぶ。同じ遊びにあきたら，別の新しいパフォーマンスとそのルールを案出する。一度遊びが始まると子供は何時間でも疲れを知らず，それに没頭する。子供は遊びによって運動神経や感覚器官を磨き，考える力を養い，情緒を豊かにし，（遊具をつくるために）物の特質を探り，人間関係のありかたを学ぶ」ことを，ブリューゲルは「幼年期のアレゴリーを念頭におき，それから民俗学者のように丹念にフランドルの遊びを収集し，失われつつある遊びの広場を画面のうえで復活させながら，同時代の人々に改めて遊びの本質を問う」ために，この作品に「子供のユートピア」として表現しようとしたのではないかと解説している。

上記のように，1枚の絵には，表現者のさまざまなイメージが込められていると推測できるが，『子どもの遊戯』一つとっても，見手や受け止め手側において，遊びそのもののみならず，建物，服装，動きなどの描写を通し，その時代の人々の暮らしや考え方を垣間見ることもできよう。しかしながら，どんなにイメージ豊かな見手であっても，歴史的背景や，表現者の背景などを知らずして理解しないまま，1枚の絵にアプローチすることは難しいかもしれない。

3. 心理臨床におけるイメージとことば

心理臨床場面で「イメージ」と言うと，「箱庭」「ユング派」「アートセラピー」「非言語的アプローチ」という連想がなされることが少なくない。しかしながら，対極に思われがちな多種多様な心理臨床的アプローチにも，イメージは大いに活用されている。

一般に，イメージと言えば「アートセラピー」「表現療法」が想起され，「アートセラピー≒非言語的アプローチ」と捉えられたり，アートセラピーには言葉を用いない，あるいは言葉を重要視しないと思われがちであろう。クライエントの表現には確かにノンバーバルなものが少なくない。しかし，イメージ表現の中に潜むわずかな言語表現があったとするならば，そのわずかな言葉の重みは相当なものである。

飯森（1998）は，芸術療法（アートセラピー）を「イメージ表現の包含するさまざまな作用を治療的に生かすもの」と定義し，クライエントとセラピストの交流の場でイメージ表出される際，言語が深く関わる点から,「芸術療法とはすぐれて言語的なものである」と指摘する。それは，芸術療法においてこそ，「言葉で表せない」イメージや「言葉を超えた」表現を生かすために，セラピストは言葉の果たす役割・重要性を心得ていなくてはならないことを意味している。クライエントは，「言葉で表せないもの」や「言葉を超えたもの」「言葉にならないもの」，換言するならば,「正体不明の“あるもの”」に苦しみ，不安を覚え，それがさまざまなイメージ表現として表出されることとなる。飯森（1998）は，セラピーにおけるクライエントとセラピストとのやり取りは，「得体のしれない透明な“あるもの”に言葉の衣服を着せることによってその正体を明らかにさせていく」ことであり，「言語とイメージは相互に補い合うものなのであり，言語はイメージを求め，イメージは言語を求める。言葉によってイメージは生まれ，イメージによって言葉は生き生きと呼吸してくる」こと，つまり，「語られる内容ではなく，それがどのように語られるかという語りかた——“息づかい”こそすべてである」と説く。

このように，芸術療法はイメージの表現によって成されるのだが，そこに言語が深く関わるという点においてすぐれて言語的＝母語的なものであるといえる。ここでいうところの母語とは，その人にとって慣れ親しんで用いられている自分らしい言語体系といえるものといえよう。そして，芸術療法の場とは，クライエントとセラピストの土壌において共人間的感情の交感（コミュニオン：communion）を前提とし，母語としての言語を最大限に生かそうとする場である。したがって，表現媒体が何であれ，芸術療法家はこの母語のための“良き肉声”を持つことが何より求められる（飯森，2000）。

4. アートとアートセラピー　──アートの持つ力──

大森（1981）は，「芸術で治す」ことと「芸術が治す」ことについて着目している。「芸術で治す」ことに関し「治療手段という観点から多くの先達の労苦と考察がある。それらを知れば，かなりの程度，創造を利用して治療を行うという営為が解析され，充実してきていることがわかる。しかし，病者が創造を行なう，あるいは病者に創造をさせるというその直接的意味に関しては，まだまだ検討が深められる必要があると思う」と指摘した。また，病者の自発的創造行為に関し，その「たどたどしい一本の線でも，それはその病者にとっての真実の創造であり，表現の意志であり，伝達の意志であり，病者にとっては芸術でもあり得る」と捉え，「『特定の人間の特権である芸術的才能』による創造と，幼児期に現われる，また一般病者にも現われる『先天的芸術能力』による創造とを芸術療法の立場からは区別する必要はない」と説き，「あらゆる創造をより豊かな，完成された表現こそないが──表現することによって人が人に真実を訴えるもの──とみなす立場が芸術療法における芸術ではなかろうか」としている。その帰結として，「芸術療法においては，病と創造の関連は，その治療的立場が，芸術で治療するか，芸術が治療するかのどちらに比重がかかろうと――本来この二つは現実の治療構造の中で分かちがたく結びついて，一方の要素だけということはあり得ない――きわめて重要な事柄である。一般の精神障害者にとって，創造とは何を意味するのか，芸術療法はこの問いを避けて通ることはできない」と説いた。

「芸術が治す」とは「アートそのものに治療効果」があり，アート（行為）そのもの（を行うこと）で癒され，治療に結びつくと考えられ，「芸術で治す」は「芸術を用いて治療行為を行う」ことで癒され治療となると換言できるだろう。大森の指摘のように，「芸術で」「芸術が」どちらかではなく，これらが対象者のニーズや，施行側のセンスや力量によって，ある種のバランスをもって両輪となって成立するものであろう。

芸術療法における「芸術」について，岩井（1974）は，「『芸術』という呼称が示すように芸術創造に意味があるのかというと決してそうではない。……人間本然の内部に普遍的に存在する表現行為に冠した名称であって，より普遍的な観照に耐える意味での『芸術』ではない」と記している。徳田（1978）は，「元来芸術療法の芸術という言葉は Art Therapy の Art を移し変えたものであり，欧米の Art Therapy の発展に沿って考えれば，一部に造形療法という意味が含まれるものの，絵画療法と称すべきもの」と説いた。その後，さまざまな発展のもと，大森（1981）は「広く『表現・創造』としてくれるような諸活動を介する治療技法として理解する方が現状にふさわしい」とし，山中（1999）は，「哲学的等価」（中井，1970）を全面的に打ち出した「表現療法」という名称を用いている。

総じて，アートそのものの力，アート行為による力，それを扱う者，受け手側，という存在があり，すべてがタイミングよく関わり合うことで，それぞれに多様な影響が及ぼされ，これらを有機的につなぐものがイメージであり，イメージの力ではなかろうか。

本科目は，セラピー的に働きうるイメージの力を扱うものでもあるが，日常的にもイメージの力はありとあらゆる時と場に存在するため，人に関わるイメージ力について広く深く取り上げていく。実際，イメージを用いたセラピーと言っても，必ずしもプラスに働くものばかりではない。自身を震撼させるような，とてつもなく大きなコントロールのきかない大きな力に揺り動かされることもあるだろう。また，どう変化したかもわからないくらいの微細な動きの場合もある。そういった，微細な心のひだや，逆にとどまることを知らないような大きな力まで，イメージそのもの自体の幅広いことに加え，感じる者，扱う者のエネルギーの高さや価値観，文化などによっても，表現のされ方も異なってくることへも目を向けていきたい。セラピーにおいては，対象者とセラピスト，そして，扱われるイメージそのものの関係性，タイミングなどとの絶妙なマッチングによって，その瞬間に，効果をもたらすこととなる。根底に存在するそれぞれのイメージ力を感じ，可能性を発見していってほしい。

参考文献

飯森眞喜雄．芸術療法における言葉．徳田良仁・飯森真喜雄・山中康裕・大森健一・中井久夫．芸術療法1　理論編．岩崎学術出版社，67-78，1998.

飯森眞喜雄．芸術療法の適応と注意点．飯森眞喜雄編．こころの科学92．芸術療法．日本評論社，24-30，2000.

岩井寛．芸術療法の発展と，その現状．精神医学16巻842，1974.

森洋子．ブリューゲルの「子供の遊戯――遊びの図像学――」．未来社，1989.

中井久夫．精神分裂病者の精神療法における描画の使用――とくに技法の開発によって作られた知見について──．日本芸術療法学会誌，2，78，1970.
大森健一．「芸術療法と病跡学」．大森健一・高江洲義英・徳田良仁（編）『芸術療法講座 3』．星和書店，173-192，1981.
徳田良仁．芸術療法．現代精神医学大系精神科治療学Ⅰ．中山書店，1978.
山中康裕．心理臨床と表現療法．金剛出版，1999.
若桑みどり．イメージを読む──美術史入門（ちくまプリマーブックス）．筑摩書房，10-11，1993.

2　イメージの本質

佐藤仁美

Palais idéal du facteur Cheval

（筆者撮影）

《学習のポイント》 原始表現から現代アートに至るまで，イメージ表現は多様である。本章では，まず，プリミティヴな表現に焦点を当てて，イメージの源泉にアプローチしていく。トピックスとして，シュヴァルの理想宮を紹介する。
《キーワード》 プリミティヴ・アート，物にひそむたましい，シュヴァルの理想宮

1．太古の叫び

先史時代の洞窟壁画と言えば，1万5,000年前に描かれたラスコー洞窟壁画が世界的に有名だが，それよりも遡ること旧石器時代のものと考えられている洞窟壁画アルデッシュ ショーヴェ・ポンダルク（㊫ grotte Chauvet-Pont d'Arc, Ardèche ／以下，ショーヴェ洞窟）がある。約3万6,000年前に1,000点以上の絵が描かれたショーヴェ洞窟は，2014年6月に国連教育科学文化機関（UNESCO ユネスコ）の第38回世界遺産委員会で，世界最古の洞窟壁画として世界遺産に登録された。

ショーヴェ洞窟は，フランス南東部ローヌ・アルプ地方のアルデッシュ県にある。1994年に洞穴学者のジャン・マリー・ショーヴェ（Jean-Marie Chauvet），クリスチャン・イレール（Christian Hillaire），エリエット・ブリュネル・デシャン（Eliette Brunel-Deschamps）によって発見された。この洞窟名は，発見者の1人ジャン・マリー・ショーヴェの名前にちなんで名づけられ，通称ショーヴェ洞窟とも呼ばれるようになった。約8,500m^{2}あるショーヴェ洞窟壁画は，3万6,000年以上前のフランス旧石器時代（オーリニャック文化時代：およそ42,000～32,000年前）に描かれたと推定される世界最古級のもので，ラスコー洞窟の壁画よりさらに古い壁画として，注目を集めた。動物壁画や手形が1,000点以上

残され，ネアンデルタール人が描いたものではないかという説もある。これらの絵は，スタンプあるいは吹き墨（oral spray painting）の技法を使って描かれている。

その後，歴史は塗り替えられる。2019年には，インドネシアのスラウェシ島で考古学者に発見された野生の豚と「アノア」と呼ばれる小型の水牛と，アノアの両側に槍とおそらくロープを持った数人の小さな人物が描かれた絵は，4万4,000年以上前のものとされる。情景描写として「狩りのシーン」と考えられている。それまで，被写体そのもののみが単体として描かれていた壁画に対し，人が動物の狩りをするという狩猟「シーン」あるいは「ストーリー」を描いているとして，世界最古の明確な物語のアートワークと位置づける研究者もいるが，納得しない研究者もおり，結論は出ていない。本章では，先史時代より表現されてきた「イメージの力」に焦点を当てていきたい。

洞窟アートは，洞窟という，おそらく光のない真っ暗な狭い環境下で明かりを灯し，不自由な格好で描いたのではないかとイメージされる。そこまでして何を伝えたかったのであろうか？　皆さんはどう考えられるだろうか？

これらは，原始美術：プリミティヴ・アート（primitive art）とも呼ばれている。プリミティヴ・アートとは，「先史時代の原始人および現存の部族社会の美術」を指し，地域差はあるが，その表現規範として「見たもの中心」「正面性」「感情の不可欠性」が挙げられる。プリミティヴという語には二つの意味があり，一つには初期・古風・始原，二つには開化に対する未開や素朴のことを指す。洞窟壁画は先史時代の美術ということになる。後者は，定義的にあいまいではあるが，それぞれの民族や社会によって固有の発展を見せ，固有の性質を有していることで，部族社会の美術と呼ばれることもあり，フォーヴィズムや表現主義の作家たちに大きな影響を与えた（三本松，2009)。

洞窟壁画では，動物を横から描いたものがほとんどであるが，動物の正面を描くとしたら，身の危険にさらされかねない。正面を間近で捉えることは命に関わることであり，描くどころではないであろう。よって，「見たもの中心」「正面性」については，動物の横向きは納得できる。

また，人間の手型が残されている洞窟も多い。この手形を「ネガティヴ・ハンド」という。直接手のひらに顔料を塗って，台紙に押し当てると現れる手型をポジティヴ・ハンドという。例えば，赤ん坊の記念日などに手のひらに墨汁などを塗り，台紙に押し当てるものなどがある。これを「陽画」とすると，ネガティヴ・ハンドは「陰画」となる。港（2001）によると，「陽画は直接見れば分かるが，陰画はあくまで中間段階であり，それをプリントしてはじめて求めるイメージとなる。ネガティヴ・ハンドには，この一段階の差が感じられるのだ。それは手続き的な位置段階ではなく，認識の上での一段階である。手を壁に押しつけ，慎重に顔料を吹きつけてゆき，手を離すと，そこにくっきりと影が残る。図と地の関係が反転する瞬間である」と説く。

「ネガティヴ・ハンド」はヨーロッパだけでも，70 以上あるとされるが，調査は動物壁画に比べて進んでいない（港，2001)。片手を壁面に置き，鉱物などを吹きかけ（*cf.* オーストラリアのアボリジニは吹きかけ法を用いている)，あるいはブラシのようなもので塗ることで，手の形が壁に浮かぶ。南米アルゼンチン南部のパタゴニアのサンタクルス地方のクエバ・デ・ラス・マノス（Cueva de las Manos，ラス・マノス洞窟）には，推定 8,000 年前の手形が百数十見つかっている。色は，赤（酸化鉄)・黒（二酸化マンガン)・白（石灰）がなどあり，単独で描かれたもの，パッチワーク模様に描かれたものと多種多様である（図 2－1)。形も，完全な 5 本指ならず，部分的に切断されたとみられる手形も確認され，栄養

図2-1　ラス・マノス洞窟の手形

失調や凍傷によるなどの病理学的説明，親族等の死による哀悼の意という儀礼的説明，折り曲げて描かれたサインを表す（コミュニケーション）説，光の視覚への影響による残像表現節など，諸説ある。

表現者に確かめない限り，その真相は明らかにならないのだが，ひとつ確実に言えることは，表現主体者が「その時その場に存在していた」，何らかのこと（思いなど）で，「そこに存在の痕跡記録を残した」ということであろう。表現者は，確実にそこに存在し，何かを伝えようとしていたように思えてならない。そこには，ある種の伝達機能・コミュニケーションに値する何かを覚える。時を越えて，何を伝えようとしていたのだろうか？　また，時を経て，その時の記録が，縁もゆかりもない人々に，あれこれ想像されるということを，どう思うのだろうか？　イメージが尽きない。港（2001）は「旧石器時代におけるきわめて重要なイメージだということは想像してよいだろう」としている。

質は異なるが，洞窟も一つの閉ざされた空間と捉えるとすれば，研究者によっては，洞窟という特別な空間に特殊な方法で描くこと自体，宗教的，呪術的で，何らかの儀礼が行われたのではないかとの考え方もある。現代のわれわれにとって，謎に包まれており，さまざまな視点からイメージや夢を馳せることのできる対象である。

2. 物にひそむたましい

徳田（2011）は，「芸術療法で扱われるイメージというものが，治療者によって計画的・意図的に誘導されるものではなく，保護された治療環境のもとで，あくまでもクライエント自身の自発的で無意識的な投影が認められることを前提としていることである。加えてそこに，『芸術を創造する力』が有する『イメージ（表象，心象，象徴などを総称して）を吐き出し，イメージを見，イメージを感じ（聴き），イメージを語る』力が与える『自己治癒力』の存在を認めることがあげられよう」と説く。これらの前提として，クライエント自身が，アートという一つのイメージの形象を通して，自己表現したいという思いがあり，それを必要としていることが根底にあり，それに応じられるセラピストの臨床力や感性，ほどよく感じることができ，応じることのできるセンスが強く求められる。イメージ表現を治療として生かすためには，表現者が安心して心を許し，自らを解放できる場と空間，その機会が必要となる。表現者自身が安心して身をゆだね，自身と向き合うことができる時間と空間が備えられていることを意味する。つまり，心理臨床現場において，自由にして守られた空間と時間が，セラピストという存在（枠）とともにあり，準備された素材との出会いも重要となる。芸術療法のみならずすべての表現活動において，「もの（素材）との出会い」が重要な鍵を握る。

画家のキリコ（Giorgio de Chirico, 1888-1978）は，芸術家の仕事を「目に見える形ではあらわになっていない何ものかとかかわること」と表現し，そのものの二面的側面を「普通一般的な側面」と「霊的な側面」と説いた。それはまさに意識と無意識と置き換えられよう。この二面的側面が交差する表現（活動）自体を，ユング派のヤッフェ（Aniela Jaffé, 1966）は「物にひそむたましい」と捉えた。偶然にして必然の人とものとの出会いが，クライエントの心の奥底の吐露に結びつき，それがやがて，問題解決への橋渡しとなる。その装置をゆるやかな守りをもって整えていくのが，セラピストの役割である。

もの≒素材と出会うためには，セラピストが，多種多様な素材とふれ合い，対話し，メリットもデメリットも理解し，自らの持ち味と素材との相性をはじめとした関係性をある程度把握した上で，クライエントとの素材を介したセラピー関係を成立できるよう，場を含む「もの」をほどよく整えていくことが求められる。

素材やものとの関係は，第14章で取り上げる。本章では，「ものとの出会い」に焦点を当て，シュヴァルの理想宮（章扉）を一例として取り上げる。

3. シュヴァルの理想宮（仏：Palais idéal du facteur Cheval）

郵便配達人シュヴァル（Joseph Ferdinand Cheval, 1836-1924）は，1879年から33年の年月（約93,000時間）をかけて，たった一人で手作業で理想宮を作り上げた。サイズは，東西26 m，北14 m，南12 m，高さ約10 mで，石を積み上げてコンクリートで固めた建造物である（図2-2）。シュヴァルの理想宮は，フランスの南東部ドローム県のオートリーヴ村に現存する。オートリーヴは，人口2,000人ほどの小さな村である。

シュヴァルは，専門的な芸術的・建築指導を受けることもなく，見聞きした経験と，当時の書目『マガジン・ピトレスク』など絵入りの雑誌などを参考に，独立独歩の道を歩み，自力で12年間描き続けてきた夢の実現を果たした。

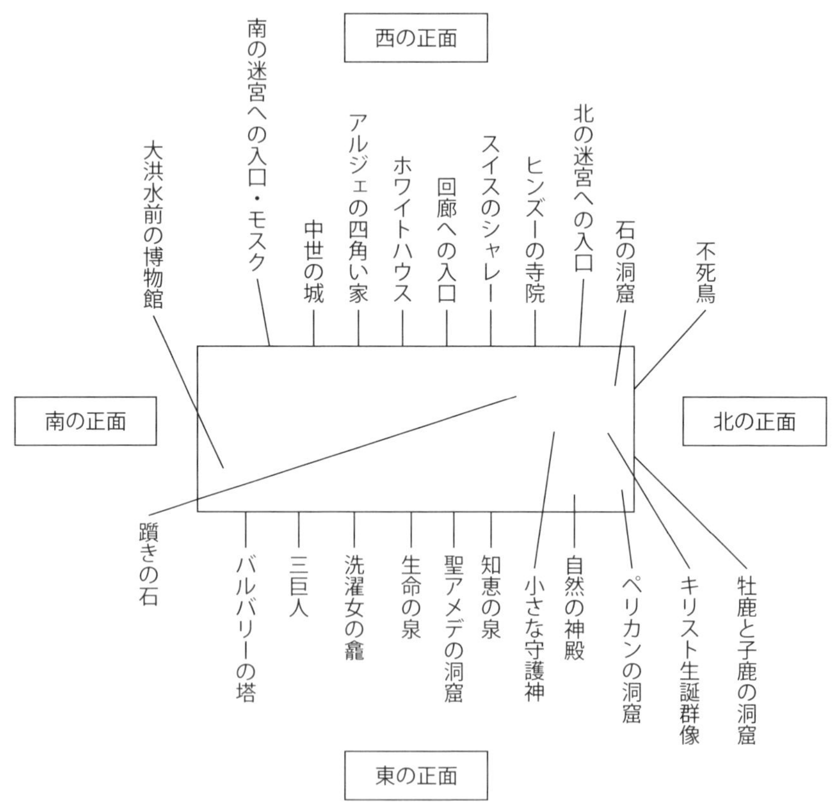

図2-2　シュヴァルの理想宮 見取り図（略図）筆者作成

着手のきっかけは，シュヴァル43歳，1879年のある日，毎日徒歩での32kmもの郵便配達途中に奇妙な石につまずき，その石に魅了されたことだった。それをきっかけに，自分は石工兼建築家になることを決意し，昼間は郵便配達人として道々で風変わりな石を収集して家に持ち帰り，夜間はろうそくを灯した帽子をかぶり，自宅敷地での理想宮づくりに励んだ。気になる石を見つけると，仕事後に10kmも歩いて拾い集めた。ポケットいっぱいに石を詰めて持ち帰るため，妻はポケットの縫いが絶えなかったという。後に，シュヴァルは籠や手押し車での運搬に切り替える。妻の献身的な支えがあり，また，愛娘アリス（1894年に病死）のために夢の実現を成し遂げることができたといえる。1896年には郵便配達夫を退職し，理想宮づくりに専念できるようになる。完成した際に「私はこの宮殿に妻とファラオのように眠りたい」と，この理想宮に葬られることを望んだのだが，村の決まりで許されなかったため，その地域の共同墓地に８年かけて自分の墓を建立した。完成の２年後の1924年，88歳で，シュヴァル曰く「終わりなき静寂と休息の墓」に埋葬された。

シュヴァルの夢の実現には，奇妙な石につまずき，その石の魅力に魅せられたことをきっかけに，それまで温めてきた思いへのスイッチが入り，独自の夢の実現に向けて家族に見守られながら，イメージの表現（現実化であり，アウトプット）がなされたが，その根底にはシュヴァルの表現したいという思いやイメージが存在していたものと考えられる。

シュヴァルの理想宮は，アンドレ・ブルトン（André Breton, 1896-1966）らに注目され，後のアール・ブリュット（生（き）の芸術，(仏) art brut）やアウトサイダー・アート（outsider art）のみならず，インサイダーアート（insider art：専門家，専門的に訓練を受けた者）にも大きな影響をもたらした。

アウトサイダー・アートとは，既存の美術制度外にあり，かつ，自らの行為をアートと認識しない者によって営まれる美術活動，もしくはその活動の成果の総称である。美術教育を受けていない独学者や子ども，精神病者らの作品をはじめ，西洋圏外の民俗美術も含まれることがある。その意味範囲は，ナイーヴ・アートやプリミティヴ・アートなどの先行概念と重なる部分が多いが，後発概念のアウトサイダー・アート（1972年，R・カーディナルによって提唱）が急速に浸透したのは，「アウトサイダー」という語の持つ制度批判的なニュアンスの強さゆえと考えられる。アウトサイダー・アートはアール・ブリュットとの共通点が多い。「アウトサイダー」という語は「インサイダー」の都合から生まれたものである（暮沢，2009）。

ピカソ（Pablo Ruiz Picasso, 1881–1973）もシュヴァルの理想宮をモチーフに素描を残している。1969年にはフランス政府の重要建造物に指定され，2017年には世界中から年間170,000人越えの来場者のある観光スポットにもなった。2018年，シュヴァルの後半生が映画化され，『シュヴァルの理想宮 ある郵便配達員の夢』として公開された。

何らかの表現の前提には表現者のイメージがあり，その根底には身体性をもともなう。イメージ表現においては，自らのイメージをとことん追求し，専門的であれ，非専門的であれ，表現していく生の姿がある。その思いは時間と空間を越え，後世にも受け継がれていくこともありうる。イメージは，表現されたもの（過去）から，受け取ったもの（現在）よりまた，その先（未来）につながっていく。隔たれながらもつなぐことができるのは，「もの」にひそむたましいのなせるわざであろう。

参考文献

暮沢剛巳．アウトサイダー・アート outsider art．現代美術用語辞典 1.0．Artscape，2009年01月15日掲載．
https://artscape.jp/dictionary/modern/1198287_1637.html 20230129access.
港千尋．洞窟へ．せりか書房，2001．
NEWS．11 December 2019．20230129access.

Is this cave painting humanity's oldest story?
https://www.nature.com/articles/d41586-019-03826-4
岡谷公二．郵便配達夫シュヴァルの理想宮．河出文庫，2001.
三本松倫代．プリミティヴ・アート Primitive Art　現代美術用語辞典 1.0. Artscape，2009 年 01 月 15 日掲載．20230129access.
https://artscape.jp/dictionary/modern/1198609_1637.html
徳田良仁．芸術療法の現在――日本の現状と海外の動向．飯森眞喜雄編『芸術療法』，2-21，2011.
ヤッフェ．A．物にひそむたましい．ユング．C. G.　河合隼雄訳．『人間と象徴 下巻――無意識の世界』，170-184，1966.

第 12 章関連 column

感覚詩のワークシート

感覚詩を作ってみましょう。

- 初めは，テーマに沿った単語やフレーズ，オノマトペなどのリストを作ってから，取り組むとやりやすいでしょう。
- 触覚は，幅広い感覚です。手ざわりの感触だけでなく，軽さ・重さ，温度，湿度，そして回転やバランス感覚，速さ，内臓の感覚（例：胸がじんわりする）など身体全体で感じる感覚まで含めます。
- 日本語の語尾は変化してもかまいません。(例:聴覚のところで,“鳴らす”“奏でる”など）イメージした感覚に近づけるように，言葉を探すことも大事なプロセスです。
- 必ずしも韻を踏む必要はありませんが，何らかの構成やリズムがあった方がより楽しいものです。
- 読者が詩の中に入り込んだような感覚になれば，感覚詩は成功です。

私の「　（テーマ）　」は，（　　　　　　）の色。
それは（　　　　　　）のようなにおいがして
（　　　　　　）の音を鳴らし
（　　　　　　）の味がして
触ると（　　　　　　）している。
「　（テーマ）　」は私にとって，（　　　　　　）です。

中国語：
我的「(主题)」是（　　　　）
的颜色。
它闻起来像（　　　　）。
它的声音像（　　　　）。
它的味道像（　　　　）。
当我触摸它时，我感到
（　　　　　　）。
对我来说，我的「(主题)」是
（　　　　）。

英語：
My “(Theme)” is the color of
(　　　　).
It smells like (　　　　).
It sounds like (　　　　).
It tastes like (　　　　).
When I touch it, I feel
(　　　　).
For me, my “(Theme)” is
(　　　　).

（2023.10.2　森里子　作成）

3　言葉とイメージ

佐藤仁美

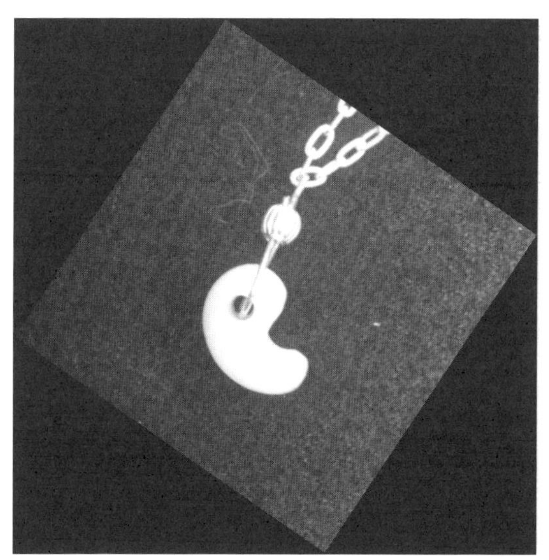

《学習のポイント》 古来，大切にしてきた「ことだま」からはじまり，芸術療法・表現病理等における言葉を用いたやり取りに着目し，言葉の神髄に迫る。
《キーワード》 ことだま，詩歌療法，コミュニオン，いひおほせて何かある

1. 言霊（ことだま）

言霊とは，『広辞苑（第七版）』によると「言葉に宿っている不思議な霊威。古代，その力が働いて言葉通りの事象がもたらされると信じられた」，『大辞林（第四版）』では「言葉にあると信じられた呪力」，『岩波古語辞典』においては，「言葉の持つ神秘な力。人間にタマ（霊力）があるように，言葉にもタマがあって，物事の実現を左右すると未開社会では強く信じられている。そこでは言葉と事との区別が薄く，コト（言）はすなわちコト（事）であり，言葉はそのまま事実と信じられている」と書かれている。

今野（2020）は，『広辞苑』の「言葉に宿る」に関し「『コトバ』の内部に『不思議な力』『不思議な霊威』があること」になり，「その不思議な力や霊威は，そもそもは『コトバ』の外部に存在」していたとする一方，『大辞林』では，「『コトダマ』が『言葉にある』」ことを取り上げ，「『コトバ』がもっている『呪力』を『コトダマ』と呼んでいた」と推測している。さらに，「コトダマ」を「コト＋タマ」に分解し，「『コト』は〈言〉すなわち〈コトバ〉で，『タマ』は〈神にかかわる超自然的な力〉であろう」とし，「コトダマが〈コトバ〉そのものとは考えにくくなる」とし，「コトダマは〈コトバに宿るもの，宿っているもの〉と考えたい」と述べている。

私たちはイメージ・気持ちを伝えるためには，日常的に“ことば”を

用いている。日本人である私たちは，日常生活で日本語を用いて会話をし，自らの意思を伝えている。しかし，同じイメージを伝えることばといっても，時代により，文化により，突き詰めれば個々人により捉え方や感じ方，価値観が異なり，微妙なずれが生じている。共通言語を持ちながらも，微妙なニュアンスから，意思疎通が難しくなる場合も否めない。多文化の交流となると，これまたさまざまな障壁が立ちはだかる。文化を超えて会話を成立させるためには，互いの歩み寄りの努力が必要となる。しかしながら，共通文化を有してもなお，伝わる難しさがあり，これもまた，相手を思い，互いの歩み寄りの努力が必要となる。

原始，ことばがなかったとされる時代から，大和ことばが生まれ，時代とともに発展し，現代のことばがある。ことばは，「それが露出してみせる自然や社会，または一人の人間の考え方，感じ方を，肉感的といってもいい直接さでひとに提示しない限り，生きているといえないし，言葉が生きていない限り，それを発した人間も十全に生きているとはいえない」(大岡，2008)。

大岡（2008）は，「詩は，個人が心で感じたことを自分の持っている語彙で表現するもの」であり，「詩というものは『実』の世界に住んでいる，また住まざるを得ない人間の，なぜかわからないが非常に欲することのある『虚』の世界の一つだろう」とし，「詩の中に，実業の世界で求めるようなものとは全然異なるものを求めている」と呈している。

2. ことばによる癒し

ギリシア神話に登場するアポローン（Apollōn）は，詩歌や音楽などの芸能・芸術の神として知られており，竪琴により音楽を奏で詩歌を詠み，病を癒したとされる。アポローンが主宰している女神ムーサ

(Musa）たちは文芸を司る女神たちであり，カリオペー（Calliope）は叙事詩，エウテルペー（Euterpe）は抒情詩，タレイア（Thalia）は喜劇・牧歌，メルポメネー（Melpomene）は悲劇・挽歌を分担している。アポローンは，子アスクレピオス（Aesculapius）には医術を継承している。

飯森（1998）によると，詩の治療的起源と詩歌療法の歴史において，アメリカにおける「詩の持つ治療力の再発見」は20世紀後半に謳われてきたが，詩を「人間精神の父」と讃えたアリストテレス（Aristotélēs，前384－前322年）は，その時代すでに詩の持つカタルシス効果を提示し，古代ローマのソラヌス（98-138年頃）は，抑うつ状態には悲劇的な，躁状態には喜劇的な詩を聴かせるという治療法を行っていたという。この治療法は，現代でも有効な精神療法の最古の文献とされる。また，宗教学者エリアーデ（Mircea Eliade，1907-1986）による，シャーマンが病人を前に唱える言葉こそ詩の起源であるとの指摘もある。

日本においては，『長谷寺霊験記』などに巡礼によって授かる観音菩薩に夢の託宣によって不治の病が癒される話が記され，中世末期の文学では夢のお告げは和歌の形で示された。また，元禄期に芭蕉門下の八十村路通（やそむらろつう）（1649-1738）によって刊行された観音の霊夢のお告げに従った俳書『俳諧歓進牒（はいかいかんじんちょう）』（元禄4年／1691）には，其角（きかく）（狂而堂（きょうじどう））があとがきに「一句歓進の功徳はむねのうちの煩悩を舌の先にはらって即心即仏としるべし」と記し，信仰－夢－詩－心的効用の結びつきを示している。

本章では，詩歌・俳句・連句を取り上げ，どのように人の心の癒しにつながっているのか，芸術療法の技法として概観していく。

3. 詩歌療法

詩歌療法（poetry therapy）は，アメリカでは代表的な芸術療法の一つ「詩を媒介とする精神療法」（飯森，1998）として1950年代より心身症や情緒的・精神的問題に悩む者にカタルシス効果や安定感を与えるといった治療的効果が見出され，薬物療法のように対象者の症状に合わせた詩が処方されていた。次第に，クライエント自身の詩作に投影された内的世界の分析･研究が重ねられ，治療的側面が注目されるようになり，1970年代にpoetry therapyとして確立し，1977年に飯森によって「詩歌療法」として日本に紹介され，日本文化という土壌において，俳句・短歌・連句などの伝統的詩歌を用いての芸術療法として発展してきた。

形は異なれ詩作自体の持つ作者の情動表出や聴き手への語りかけからコミュニケーションが紡ぎ出されるゆえ，聴き手の聴き入る姿勢が大切である。作者と聴き手の分かち合いができることで心理臨床的役割を担うことができる。詩歌療法は，主に精神科や心療内科クリニック，リハビリテーションセンター，矯正施設，高齢者施設などで，精神科医・臨床心理士・芸術療法士・作業療法士等によって活用されている。

（1）詩歌とは

詩歌とは，「漢詩と和歌。詩・和歌・俳句など韻文の総称」である。田村（2011）は，詩的言語の特徴として「形式，韻律，あいまいさ（豊かさ），統語の自由度が高い，メタファーが豊富」などを挙げ，「作者と読者の共同作業によって，『語』は本来有する豊かな意味を醸し出すようになる」と表している。

（2）詩の持つ治療的意義

飯森（1998）は，詩の持つ治療的意義を以下の３点にまとめている。

① 詩を聴く／読むことの持つ意義

どんな詩でも，クライエントの感情や精神状態に沿うものであれば，カタルシス効果があり解放感と安心感をもたらす。作品は「慰撫的，支持的，鼓舞的，統制的，教訓的」に作用し，クライエント自身の課題や苦悩を他者も持ち得ることを知り（普遍化），他者と分かち合う（シェアリング）体験の積み重ねにより，対人関係の改善と自我強化につながる。

② 詩をつくることの意義

飯森（1998）は，「詩の生まれてくる過程（poetic process）は，精神療法の過程に類似している」と指摘する。詩は，無意識内容の「社会的に公認された」表現形であり，抑圧・禁止された葛藤の欲求が投影され，象徴的に表出しうる。詩作行為は，情動の解放や欲求の代償的充足をもたらし，葛藤や問題に対する態度の変容につながる。詩作行為とは，作者が自身の言葉に耳を傾けることによって自己に向き合い，自己を見つめ，自己を知り受け入れていく自己受容と自己探究の過程といえる。

③ 詩のコミュニケーションの媒介としての意義

詩作行為は，作者自身との対話・自己認識の営みと同時に，他者に対して開かれた深いコミュニケーションの希求をもはらむ。詩作は，内面の想像上の聴き手に向けた語りかけであると同時に他者である聴き手に向かって開かれ，聴き手にセラピストが位置づけられることで，クライエント－セラピスト関係が強まっていく。

4. 俳句療法

星野（1998）は，夏目漱石『草枕』の主人公の制しきれない感情を17字という型に変換して句作に収め，客観視することで気持ちが癒される心理的効用（カタルシス）を見出した。しかし，自己では制すことが困難な複雑で根深い感情には，聴き手の存在が必要となる。

> 十七字は詩形として尤も軽便であるから，顔を洗うときにも，厠に上った時にも，電車に乗った時にも，容易にできる。（中略）まあ一寸腹が立つと仮定する。腹が立ったところをすぐに十七字にする。十七字にする時は自分の腹立ちが既に他人に変じて居る。腹を立ったり，俳句を作ったり，そう一人が同時に働けるものではない。一寸涙をこぼす。この涙を十七字にする。するや否やうれしくなる。涙を十七字に纏めた時には，苦しみの涙は自分から遊離して，おれは泣く事のできる男だという嬉しさだけの自分になる。
>
> 夏目漱石『草枕』より

（1）俳句とは

和歌（短歌）や俳句は，日本人の整理や感覚に即応したリズム「五・七・五・七・七」あるいは「五・七・五」という音数律をもつ「『型』の文学」である（田中，2013）。七・五調は日本人の耳に心地よく聞こえ，標語などにも多く見られる。和歌には，季語や枕詞，掛詞などの型の中に思いを込め，季節感・恋心・自然の雄大さを謳い上げることでイメージが髣髴（ほうふつ）する。五・七・五という定型は，叙述を禁じることによって叙述以上の表現を獲得しようとする俳句の精神であり，「形」の美を追求する芸術の特徴である。

（2）俳句の持つ治療的意義

句作は，筆記具と用紙があれば，時と場を選ばないものであるが，心理療法では，決められた時間枠と場（面接室など）とセラピストの存在が必要となる。ポイントは，「詠み上げたあとのしじまがそれとして生きるだけの静けさと，やりとりが中断されたり急がされたりしない程度の余裕のある環境」（星野, 1998）を準備することである。俳句療法には，集団療法と個人療法がある。

集団俳句療法は，参加者 10 人程度の句会形式で行うのが最適で，ゲーム要素も含まれ，クライエントが参加しやすい。スタッフは，司会進行役のセラピスト，補助者 1 ～ 2 名で，1 ～ 2 週に 1 回程度が理想的である。句会の標準的進行は，①兼題の提示（季題やテーマである兼題を予め提示しておく），②投句（各自 1 句ずつ短冊に無記名で記入し，集める），③清記（集めた短冊を混ぜ，選び，各自の清記用紙に並べて書き写す），④選句（清記用紙を回し，気に入った句を自分のノートに書き写す。自作は選ばないことがエチケット），⑤披講（各参加者が選句を読み上げ，司会者が板書しながら得点し，集計後に作者を名乗る），⑥座談（全員で句を話題に話し合う。司会者は話題が句から脱線せず，得点されなかった句にも気を配る），のように行われる。集団療法を繰り返すうちに，個人的にもっと句を通して深めていきたいと望むクライエントもあり，個人療法導入のきっかけにもなりうる。

個人の俳句療法開始は，クライエント自身が自発的に句作してセラピーに持ち込んだり，集団俳句療法から個人療法に結びついたり，セラピストが誘うことまで，さまざまである。誘っても難色を示す場合には，無理やり導入しないことを原則とする。

俳句は，17 文字という限られた枠の中で自己の世界を切り取る表現であると同時に，「言い残された世界と繋がろうとする潜在力」（星野,

1998）を含んでいる。また，句本来の性質としての挨拶性，句を媒介にした深い対話性に対し，セラピストは「切り取られた17音が求めてやまぬつながりに応えるという姿勢」（星野，1998）を心がけることが必要である。そのためには，飯森（1990）の提唱する「共人間的交感（コミュニオン：Communion）」がベースにあることが大切である。コミュニオンには，もともと宗教用語として使われ，交わりや関係性，共同体・社会などの意味が含まれている。

句作では，制限された枠内での厳選された言葉による自己表現ゆえ，芭蕉の指摘するところのすぐれた俳句には「いひおほせて何かある」感じが残る。その感じをともに味わい，問いかけ，ことばを返す，といったセラピストの姿勢に「何かある感じ」を埋める作用が生まれ，セラピストとクライエントの句作プロセス全体を通し，治療的推敲がなされていく。「何かある感じ」である「正体不明の透明な“あるもの”」が「言葉の衣に包まれた姿かたちあるもの」として現れるように，セラピストは，「生きた音」として響き合える「良き耳」と「良き声」を同時に合わせ持つことが大切である（飯森，2014）。

（3）留意点

飯森（1990）は，俳句療法の利点を①安全な枠組みの中で，しかも，作りやすく，②日常の「生きたコミュニケーション」の媒体となり，③日常的関心の回復が期待でき，④言葉の回復を助け，⑤葛藤の溶解，情動のカタルシスをもたらす，5点を挙げている。また，俳句療法において，句品の芸術性の高さ：句の完結性・個人性・芸術性が追求されすぎると，遊戯性やコミュニケーション性が低下し，共感性が失われ，セラピーとしての性質が薄れてしまう。そのような場合には，連句に移行していくことも一つの切り抜け方である。

5. 連句療法

平安時代は，日常会話が連歌で成り，「五・七・五」「七・七」のリズム感をもってやり取りしていた。その連歌の起源は，二条良基の連歌書『筑波問答』によると3つ挙げられている。

1.『日本書紀』　唱和

　あなうれしゑやうましをとめにあひぬ　イザナギノミコト
　あなうれしゑやうましをとこにあひぬ　イザナミノミコト

2.『日本書紀』　合作作品

　新治筑波を過ぎて幾夜か寝つる　　日本武尊
　かかなべて夜には九夜日には十日を　秉燭人

3.『万葉集（巻八）』

　佐保河の水をせき入れて植ゑし田を　尼
　苅るわさいねはひとりなるべし　　家持

綿抜（2006）は，「連歌のおもしろみは，相手の言っていることを自分なりに理解し（鑑賞・享受），相手を意識したうえで自分がどのように思ったかを述べる（創作）ところにある。創作しながら味わい，味わいながら創作するのである。楽しい会話，はずむ会話が，どのようなときになされるかを考えていただくと，連歌のおもしろみもご理解いただけるのではないか」と表現している。総ずると，「コミュニケーションの濃さ」と「遊戯性」ということになるだろう。

（1）連句とは

連句とは，「五・七・五」（長句）と「七・七」（短句）を交互に連ねていくもので，「短連歌」，「長連歌」，「鎖連歌」などがある。連歌は，宮中の日常・貴族の遊び・雅な世界・実生活から離れたものだった。それが，庶民的・世俗的・実生活に結びついた世界に移行され，連句となる。連句・連歌の構造は，大まかに発句（ほっく）〜付句（つけく）〜挙句（あげく）からなる。

発句とは，「五・七・五」で始まる投句された1句目「発端の句」である。発句には「コミュニケーションの皮切りの役割」がある。付句は，長句に対して短句，それに続き長句−短句−長句…というように，前句につけていくものである。発句に対して次の句は「脇句（わきく）」という。付句は，前句に触発されて「興を受け次につなぐ」役割がある。短歌のような上の句と下の句の関係とは異なり，1句1句が完結しており，独自の世界観を持っている。付句のコミュニケーション性とイメージの展開を促すためには，「打越（うちこし）（前句の前の句）と類似の方向へまとまるのだけは避ける」必要がある。同様に，3句が同様のテーマや雰囲気になることを避ける「三句（さんく）の渡（わた）り」の式目（しきもく）も大事である。挙句とは，連句の最後の句のことである。日常使われている「あげくのはてに…」の「あげく」は，連句の「挙句」からきたものである。連句は，式目（規定）に則って句作することで，自然と対話がなされてくる。

連句の特徴は，①こころにピッタリ来るものを探し選び構成する（分散とまとまり），②自らのこころに問いかけ，相手とのこころにふれ合う（やり取り・付け合い），③相手のことを思い詠む（相手の句を自分なりに受け止め解釈し，それに応える），④五感を活用（呼吸を含む），⑤コミュニケーション（やり取り・付け合い・居場所・何かある感じ・式目／賦物（ふしもの）），⑥遊戯性・なぞなぞ・問答，⑦「創作しながら味わい，味わいながら創作する」，などにある。

（2）連句の持つ治療的意義

連句の持つ治療的意義を，浅野（1998）の連句療法をもとに説明する。

セラピーにおける発句は,「相手の警戒心を除く働き」を持つ必要からセラピストが行うことが多く,クライエントに「安全性」を示し「セラピストの人間性に興味を持ってもらう」役割がある。ゆえに「ともに体験できるもの」を詠み,「相手の反応をよく感ずるもの」である必要がある。

付句では,「自分がすっと入ってしっくりくる句」がよく,前句を味わい,言葉に結実するのを待つことが大事である。セラピーにおける連句では,連歌の式目に必ずしも厳格に従うことなく,クライエントの心の動きに応じて挙句に至ることもありうる。セラピーの状況によっては挙句に至らずに中止する場合もあり,臨機応変に応じる必要がある。

浅野（1998）は,連句の治療的意義を「付合(つけあい)の心」「座(ざ)の構造」に集約している。「付合」とは,「連句における2句の間の有様」のことを指す。前句に句をつけるときは「付け」と「転じ」の2つの要素を入れて句作する必要がある。付合とは「気分連続の許容範囲の中で飛躍することであり,これはすべての楽しさ,生き甲斐に通じ」,「付合」実現の素地を「付合の心」と呼んでいる。「座の構造」とは,連句の「付合的人間関係」,「付合的な人の和」のことを指し,星野（1998）は,「互いにフォローし合うことを楽しみとするような共生の空気」と表現している。連句という対話を紡ぐ式目には「型より入りて,型を脱する」「型はすべての自由へと導く方便としての不自由であり,すでに型を越えている先達からの後進への手引き」であると,対話精神療法との共通性を神田橋（1990）は指摘している。

（3）連詩

連句の現代版といえるものに『連詩(れんし)』がある。自由詩を,何人かで詠みつないでいくものである。大岡（1991）によると,連詩は,「構造的にその参加者各人が相互に積極的関係を結ぶことを本質」とし，「形式それ自体の必然によって，他者と創造的相互干渉の関係を持」ち，「相手に対して『付ける』また自分の詩句を相手に対して『開く』という必須の条件を満たすためには自分自身の詩句に対する『読み』の問題も同時に立ち上がって」くるものである。つまり，「深い内面的同意」のもとで，「相手発見の場」「作品を通して互いに知り合う」「共通の場」といえる。詩作の中で，「相手に『合わせる』ことにこころをとぎ澄ますとき，その『合わせ方』の中に，最も純粋で，その人の持っている個性がにじみで」，「個性を可能なかぎり抑えて付け合いに専心したはずのそれぞれの句が，実にあざやかに各人の個性をしめしている」。この「共同作業を通じて，メンバー相互の間の個性の差異が発想方法そのものまでさかのぼって明らかに見えている」。実際に，精神科や施設などで連詩をレクリエーションや集団療法的に活用されている例もあり，今後の発展も期待される。

6. 言葉をめぐって

河合（2010）は，「『聴く』という態度で接すると，相手の人の心が自由にはたらきはじめる。無意識内の心のはたらきが活性化されると言っていいだろう。そこで，その人はそれを何とか言語にして話しはじめる。それを聴く側としては，それに応答していくのだが，それが下手をすると，相手の心のはたらきをとめてしまうことにある」と述べている。詩作，句作は，限られた言葉での表現に「いひおほせて何かある」感じが残り，その「何かある」感じを埋め合うには，セラピストや仲間の存在が必要とされる。言葉にした言葉も，言葉にならない言葉も，言葉として存在しない言葉をも，セラピーの中でともに味わい，共有し，適度に補い合うことで，イメージは展開し，対話が生まれ，紡がれ，互いの成長につながる。聴き手の存在が大きな鍵となろう。

参考文献

浅野欣也．連句療法の実際．徳田良仁・大森健一・飯森眞喜雄・中井久夫・山中康裕監修．芸術療法 2 実践編．岩崎学術出版社，124-131，1998.

星野惠則．俳句療法の実際．徳田良仁・大森健一・飯森眞喜雄・中井久夫・山中康裕監修．芸術療法 2 実践編．岩崎学術出版社，112-123，1998.

飯森眞喜雄．俳句療法の理論と実際 ── 精神分裂病を中心に ──．徳田良仁監修．飯森眞喜雄・浅野欣也編．俳句・連句療法．創元社，128-205，1990.

飯森眞喜雄．詩歌療法の理論と展開．徳田良仁・大森健一・飯森眞喜雄・中井久夫・山中康裕監修．芸術療法 2 実践編．岩崎学術出版社，106-111，1998.

飯森眞喜雄．ホモ・ロクェンスの病　言葉の処方と精神医学．日本評論社，2014.

神田橋條治．連句と対話精神療法．徳田良仁監修．飯森眞喜雄／浅野欣也編．俳句・連句療法．創元社，50-63，1990.

河合隼雄・鷲田清一．臨床とことば（朝日文庫）．朝日新聞出版，2010.

今野真二．言葉と日本語．ちくま新書，2020.

松村明（編集）．大辞林（第四版）．三省堂，2019.

夏目漱石．草枕．新潮文庫，1906.

大岡信．連詩の愉しみ．岩波新書，1991.

大岡信．人類最後の文明の詩．朝日出版社，2008.

大野晋，佐竹昭広，前田金五郎（編集）．岩波古語辞典．1990.

新村出（編集）．広辞苑（第七版）．岩波書店，2018.

田村宏．詩歌療法．飯森眞喜雄編．芸術療法（こころの科学セレクション）．日本評論社，151-168，2011.

田中英道．『美しい「形」の日本』．ビジネス社，2013.

綿抜豊昭．連歌とは何か．講談社選書メチエ，2006.

4　自然とイメージ 1

岸本寛史

来宮神社

《学習のポイント》 木の絵を描いてもらうという簡単な方法（バウムテスト）に潜む，言葉のやり取りだけでは得られにくい治療的な力について述べる。

《キーワード》 バウムテスト，投影の留め金，開通効果

1. バウムの扉を開ける

（1）バウムとバウムテスト

バウム（Baum）とはドイツ語で「木」を意味する言葉だが，本章では心理臨床において木を描いてもらうという方法，またはそこで描かれた絵をバウムと呼ぶこととする。バウムを心理診断の補助手段として用いるというアイディアは，職業コンサルタントのエミール・ユッカーに由来し，1920年代頃から職業相談において広く用いられてきたが，これをカール・コッホが「バウムテスト」として体系化した（Koch, 1949［1952／1970］, 1954, 1957［2010］）。日本でも1960年代以降，広く用いられてきた。

最初は心理テストとして着想されたが，心理臨床の場面では，治療促進的な媒体として用いられることも多い。本科目は「イメージの力」をテーマとしているので，本章では，バウムという方法に潜む治療的な力に焦点を当てる。

私は内科医だが，医学生のときにバウムのことを知り，医師になった当初よりバウムを用いてきた。特に白血病の患者の治療に携わっていた時期には，患者にバウムを描いてもらったが，バウムが思いがけない力を発揮してその後の治療の支えとなるということを何度も経験した。そのような経験の中から，バウムを治療促進的な媒体として活かすために大切だと考えるようになったポイントについて述べていく。

なお，何事もオリジナルまで遡って考えておくことは大切で，コッホの『バウムテスト』（原著はドイツ語）には目を通しておかれたい。ただし，1970年の日本語版（林他訳，1970）は初版の英訳からの重訳で，英訳の際に生じた誤訳（Bolander, 1977）も含め問題が多く（中島（1985, 2006），岸本（2005）），訂正もなされていないため，第三版の翻訳（岸本他訳，2010）の方を参照していただくのがよいと考える。コッホのテキストと取り組む上では『コッホの『バウムテスト［第三版］』を読む』（山中・岸本，2011）が良い手引きとなるだろう。

以後，心理療法においてバウムを描いてもらう場面を想定しているので，テスターの代わりにセラピストという呼称を用い，描き手を患者もしくはクライエントと呼ぶことにする。

（2）バウムの実施

バウムの実施にあたって用意するものは，紙と鉛筆，消しゴムである。用紙はA4サイズのものが用いられることが多い。コピー用紙などで代用することもあるが，硬めの紙（ケント紙など）の方が安定した紙面を提供できる。鉛筆は基本的には芯の柔らかいもの（4Bなど）が用いられる。筆跡が反映されやすくなるからである。

クライエントの状態によっては小さい用紙の方が描きやすいと見受けられる場合もあるし，鉛筆よりペンやクレヨンで描いてもらいたいと思うこともあるだろう。実際，クレヨンを用いることもある（例えば，水口（2002）など）。テストとして施行する場合には相手によって条件を変えない方が望ましいが，コミュニケーションの媒体と位置づけてバウムを行うのであれば，筆記用具や用紙を相手の状態に合わせて変更したり，例えば，そのときにポケットに忍ばせていたメモ用紙の裏に書いてもらうといったことも許容されるだろう。

バウムの教示方法としては，日本では，少なくとも二種類のやり方が，バウムテストの導入当初から提唱されていた。一つは「実のなる木を描いてください」というもので，もう一つは「一本の木を描いてください」というものである（中島，2002）。バウムテストを体系化したコッホ自身，どのような教示がよいか手探りの状態だったが，児童を対象とする統計的な調査は「果物の木を描いてください」という教示で行った。これを受けて日本では「実のなる木」という教示が使われるようになった。その一方で，「実のなる」という教示は注意を「実」の方に向けてしまうことになりやすいということも加味して，「（一本の）木を描いてください」という教示を採る流れも生じた。その結果，日本では大別してこの二種類の教示が用いられることとなり，現在でも統一はされていない。（ちなみに，テストの名称も「バウムテスト」「バウム・テスト」「樹木画テスト」などさまざまである）。それぞれに特徴があり，どちらの教示が良いかは一概に決められないが，描かれたバウムを理解する上ではどのような教示が用いられたかを考慮に入れておく必要がある。

（3）描くプロセスへの視点

クライエントに木の絵を描いてもらえませんかと頼むとき，セラピストがどのような姿勢で臨んでいるかは重要である。レントゲン検査を行うかのように，心の奥に潜む心理を読み解こうという覗き見的な視線が前に出ると，たとえ言葉に出さなくとも，描き手に伝わり，その心に傷を残すことになりかねない。素の姿を見られるような恥ずかしさを感じると言いながら描かれた患者もいた。描くことの大変さをセラピストがまず十分認識しておくことが重要である。

描く行為をどのように見守るかが描き手に強い影響を与える。上手下手を見極めようとしているのではなく，どのような表現であっても，表現すること自体を尊重してもらっていると感じてもらえれば，緊張が緩み，木の絵を描くことを通して遠い記憶が誘発されたり，表現に没頭したりして，思いがけない自分にふと気づいたりすることにもつながる。

この辺りのことを丁寧に考え，精度を上げるためには，バウムを描くプロセスで生じたことも（面接後に記憶に基づいて）記録に残しておくことが必要となる。描き手がどのように描いていたか，どういう順番で，どんなふうにバウムの形を作り上げて行ったか，その時の描き手の様子，描き手が語ったこと，それを見守っていたセラピストの方が感じたこと，考えたことも併せて記録に残しておく。観察する視線が強くなりすぎるとクライエントが描きにくくなるので，詳細を厳密に記録に留めようとするよりは，描くプロセスの中で流れているものを心に留めるくらいの感覚で記録に残す方がよいだろう。

（４）教示の前後で生じること

木を描くことは描き手にとってどのように体験されるだろうか。例えば，心理面接に訪れたクライエントが，職場の対人関係に悩んでいることをひとしきり話した後で，家族構成などについて聞かれた後，どんなアドバイスをもらえるだろうかと思っているときに，セラピストから，少し頼みがあるのですが，と言われる。どんな頼みだろうかとドキドキしながら「はい」としどろもどろに答えると，実のなる木を描いてほしい，と言われる。少し緊張が高まっていたところで，木を描いてほしいと言われたので，「絵かぁ」と気持ちが緩んだり，「実のなる木？」と驚いたり，絵は苦手だなあと少し困ったり，感情が少し動くのではないだろうか。適度な緊張とその弛緩。それによって多少なりとも感情が動かされることが，思い詰めた心には程よい刺激となる。

セラピストの方も，相手がどのような反応を示すかわからないので，教示の際には緊張が高くなっているはずである（ここで緊張することもなく平然と描かせようとするようでは，バウムの治療的な力を引き出すことはできないだろう）。「木を描いてほしい」というこちらの言葉に対して，相手の表情が緩めばこちらの緊張も緩むし，少し困った顔になった場合には，上手下手を見るのではないので大丈夫ですよと安心感を与えるなどしてフォローする。このように，セラピストの方も緊張の高まりを経た上で感情が動く。このようにクライエントに同調しながら安心をしてもらうことが描画を治療的に活かすための基盤となる。

（5）描画後の質問

描き終わった後に，木の種類，木の高さ，樹齢などを聞くことが多い。また，描くプロセスを見守っているときに気になったところについては，尋ねることもしている。というのも，例えば幹に縦線が描かれた場合，それが模様なのか，立体感を出すために描かれたのか，傷をつけたのか，見ているだけではわからないことがしばしばあるからである。その際には言葉で確認することも大切である。これは，描かれたイメージを共有するために必要な作業だといえる。ただ，あまり聞きすぎると，描き手は責められているように感じられる場合もあるので，侵襲的にならないように配慮が必要である。

2. バウムの力

（1）開通効果

以上のような姿勢を基本に据えてバウムを描いてもらうと，話を聞いたり外見から察したりするだけでは開くことのないコミュニケーションの扉が開くということをしばしば経験した。例えば，白血病の治療においては白血球数が話題の中心となることが多い。抗がん剤治療によって白血球が下がれば無菌室に入ることが必要となり，白血球数が上がってくれば無菌室から出られるからである。ところがバウムを描いてもらうと，子どもが通っている幼稚園に立っている木の話から子育ての話に展開したり，長野に行ったときに見た木の話から旅行の話が膨らんだりする。

あるいは，自分としては必ずしも納得しているわけではないが，周囲（親，教師，上司など）からの勧めで不承不承，心理面接の扉を開けた場合，話を聞こうとしてもつながったという感触を持てないことも多い。私自身，数年ほど心療内科の外来を担当していた時期には，そのような患者と出会うことも多かったが，そんな時でも，バウムを描いてもらうように頼むと一瞬表情が緩み，「つながった」という感触が得られることも少なくなかった。バウムを頼んだ直後は怪訝な顔をされていても，患者がバウムを描いているのを見守っている最中に少し心が通じたと感じる瞬間を経験することもあった。こうして「つながった」という感触が持てたときは，続けて通ってみると言われ，治療が継続することになることが多かった。

これを私はバウムの「開通効果」と呼んでいる（岸本，2017）。言葉のやり取りや外観から察しながら関係を築いていくのとは異なる，もう一つ別のコミュニケーション・チャンネルが開かれることを指す。

（2）投影の留め金

それではなぜ，バウムは言葉のやり取りや外見から察するだけでは開くことのない扉を開くことができるのだろうか。その一つの要因として，「木の絵」という主題（描画のテーマ）に鍵があると思われる。例えば，がん患者に「がんの絵」を描いてくださいと頼んだとしたらどうだろうか。病気の衝撃が強く残る患者にとっては「がん」は直接的すぎて取り組むのがつらい主題となり，侵襲となる可能性がある。かといって，今の気持ちを絵にしてみてくださいと言って，自由に描いてもらおうと思っても，ある程度テーマを限定しないと，雲を摑むような感じで描きづらいだろう。人物を描いてもらうやり方もあるが，絵が苦手な人にとってはハードルが高く感じられる。

では「木」というテーマはどうか。木は，幹と枝，葉，実からなる比較的シンプルな構造から成るので，絵を苦手とする人でも比較的描きやすい構造をしている。枝の付け方で多様な形を表現できるし，単純な形態で済ましてしまうことも，複雑に仕上げることもできる。さらに，木の姿は，人が立っている姿と重なるため，そこに自分の姿や人の立ち姿が朧げに見えて，描く際に引っかかるところが生じる可能性が出てくる。例えばある部分でどうしても筆が進まなかったり，枝をどう伸ばすかで長考したり，幹に傷をつけてみたくなったりする。無意識のうちに自分と重なって，思いがけない形になったり，表現にムラが生じたりするのである。

コッホは「投影の留め金」という言葉を使っている。ハンガーを掛けるのにホックがなければ掛けられないのと同じように，自分のことを表現しようとしても何か引っかかるところがなければ表現しにくい。木という主題は程よい投影の留め金として働く。投影というのは無意識のうちになされるので，言葉や外見からは察することのできない姿が表れることになると考えられる。

(3) 鏡としてのバウム

バウムを描きながら，自分がおかれた状態に気づくという経験をされることもある。例えば，肝硬変で入院中の60代の女性患者は，発作的に病室の窓から飛び降りたくなると看護師に打ち明けて，主治医と看護師が心配して私のところに紹介されてきた。一通り話を伺ったところでバウムを頼んだところ，「柿が浮かんできた」と言いながら，幹から描かれた。そして，「柿の枝はぽきぽきしている，梅もそうなのよね」と言いながら，幹の右上端から右斜め上方向に二線枝を２本描き，それぞれに２本の枝を足した後，眺めておられるので，私もどんな展開になるのかと思って見守っていたが，しばらく眺められて，「葉っぱがない，根っこがないじゃ，中途半端よね，全体が見えていない，こだわっちゃうんだよね。やっぱり神経かな」と言われたので，ご本人はもう描き終えておられるつもりなのだとわかり，驚いた。

私は，左側の枝はどんなふうに出るのだろう，包冠線（樹冠の輪郭を示す線，山中の命名による）は描かれるのだろうかなど，イメージを膨らませながらその後の展開を見守っていたので，彼女としてはもう描き終わったと思っていることがわかって驚いたのである。

ほどなく肝臓の状態が落ち着き退院されたが，退院後も私の外来に２週に１回のペースで通って来られた。半年ほどたって２回目のバウムを頼んだときに，「最初に描いたときには，病室に戻ってからどうしてあんな中途半端な絵しか描けなかったのだろう，自分では大丈夫と思っていたけど（精神的に）危ない状態にあるんだと思い直して，素直に周りの助けを受け入れようと思いました」と述懐されたので，私は再び驚いた。半年が経過した時点でも，最初にバウムを描かれたときのことをよく覚えておられ，またそれが自分のことを見直すきっかけになっていたと教えていただいたからである。

この患者には，バウムが鏡としての役割を果たすことを教えていただいた。セラピストが解釈をしなくても，描かれた絵のイメージを見つめることで，自分の心の姿を，少し距離をとって眺めることができるようになる可能性がある。セラピストがバウムの解釈を先に伝えてしまうと，ともすれば，バウムが鏡として働く可能性をつぶしてしまうことになるのである。

（4）もう一つの姿

バウムから垣間見られるもう一つの姿が，配慮の幅を広げてくれることもしばしば経験する。例えば，会うたびに冗談を言ってニコニコしておられたある白血病の患者さんにバウムを描いていただいたところ，幹線も途切れ途切れの，いかにも弱々しい，葉も落ちてしまった冬枯れの木が描かれた。外見や言葉から受ける印象とはあまりに異なったので，少し注意をして話を聞くように心がけていると，次第に私の顔を見るたびに涙を流されるようになり，それまであまり話されなかった家族やご自分の若い頃の話をされるようになった。残念ながら3か月後にこの方は亡くなられたが，バウムは言葉や外見からだけではうかがえなかった守りの弱さを伝えてくれてその後の診療の助けとなった。

一方，白血病を発症して間もないある女性は，呆然と窓から外を眺めているということが続き，話しかけても上の空で非常に心配していたが，描いてもらったバウムは意外にしっかりと描かれていて，実もたくさんなっていた。彼女はその1年後に骨髄移植を受けて完治された。治療中危ない場面も何度かあったが，筆者はこの木のイメージに支えられて治療を続けることができた。

このように，心理療法において，バウムのイメージをセラピストの心の中で温めながら会い続けることで，クライエントのイメージをより立体的につかむことが可能となる。土居健郎（1969，1977）は見立てについて，「病気の種類ではなく，病気と診断される個々の患者の姿が浮かび上がってこないだろうか」と述べ，分類のための単なるレッテル貼りではなく，「患者の病状を正しく把握し，患者と環境の相互関係を理解し，どの程度まで病気が生活の支障となっているかを読み取ること」を目指すものであるとした。バウムに現れるもう一つの姿は，見立てにも役立てることができる。

（5）自分で治める

バウムが鏡として働き始めると，自分との対話が進み，場合によってはバウムを描くだけで心の中が治まってくるということも起こり得る。そのような自己治癒力が顕著に感じられた例を紹介しよう。

クライエントは学生相談室でお会いした20代の女子学生である。体調が良くなくて夜眠れない，最近は夜一人で部屋にいるのも怖くなって落ち着かない，インターネットで調べたら閉所恐怖のところに書いてある症状と似ていると思って心配になって相談に来たとのことであった。話を聞くと，小さいときによく面倒を見てもらった叔父と叔母が相次いで亡くなられたということで，余計に精神的に辛いとのことだった。そこまで伺ったところでバウムを描いてもらった。

樹冠から描き始め，左側の幹線から地面線，右側の幹線の順で描き，その後実を付けていく。茂みから顔をのぞかせている枝を何本か描いた後，葉っぱを数枚描かれた。木の高さを聞くと人を描いてこのくらいかな，と。でも手を伸ばせば下の実には手が届くくらい。リンゴなどの赤い実をイメージしたとのことだった。

その後，今後の進路についての気持ちについて伺ったところで終わりの時間が迫ってきたので，最後に何か聞きたいことでもあれば，と水を向けると，手を小さく挙げて「狭いところが嫌で，今の部屋は6畳を工事してさらに狭くなっていて，でもどうすることもできないのですが，壁に大きな景色の絵とかを貼っておいた方がいいですか？」と。私が「何か気に入ったものがあれば」と言うと,「ないんですけど。それじゃあ,別に閉所恐怖だからといって何かしなくてはならないとか,そういうことではなくて,人それぞれでいいんですか」と言われたので,「いいと思いますよ」と答えて初回は終わりとなった。

翌週来られたときには,ずいぶん調子が良くなったとのことだった。そして,彼女から,「この前の絵は何かわかりました?」と聞かれたので,「ああ,ちょっと持ってきますね。それで何かがわかるというよりも…お話を伺うときにも木のイメージがあるとずれが少なくなるかな,と思って描いていただいているのですが。ご自分ではどうですか,前回描かれて」と応えたところ,「久しぶりに描いて,ああ,と思って,家に帰ってから自分でもう一度同じ木を思い出して描いて,描き足りなかったところを付け加えたり,色を塗ったりして完成させました。リンゴや人の顔を付け加えたり,遠くの山の風景を描いたりして,そうしたらずいぶんすっきりして,画鋲で部屋に飾ってあります。山並みを描きながら,実家の風景も重なったりして…前回来てからいろいろなことがうまい具合に運んで,大分落ち着いたと思います」と言われ,感激した。面接はこの回で終了となり,彼女は無事卒業していかれた。バウムを描きながら自分で自分の心を治められたわけで,バウムの治療促進的な力が如実に表れたケースであった。

3. おわりに

本章では木の絵を描くことを治療的に生かすために留意すべき点について述べた。バウムをテストとして行っている心理臨床家も多いと思われるが,これまで述べた治療促進的な側面を自覚しておくと,バウムをテストとして施行する場合であっても,治療的な作用をもたらす可能性が開けるだろう。

引用文献

Bolander, K　Assessing Personality Through Tree Drawing.　Basic Books.　1977.　高橋依子訳.『樹木画によるパーソナリティの理解』.　ナカニシヤ出版，1999.

土居健郎.「見立て」について.　精神医学 11（12），2-3，1969.

土居健郎.　方法としての面接.　医学書院，1977.（土居健郎.　土居健郎選集 5，人間理解の方法.　岩波書店，2000.）

Koch, K.　Der Baum-test.　Hans Huber.　1949.　Koch, C.　The Tree Test. Hans Huber.　1952.　林勝造・国吉政一・一谷彊訳.　バウム・テスト.　日本文化科学社，1970.

Koch, K.　Der Baumtest, zweite Auflage.　Hans Huber.　1954.

Koch, K.　Der Baumtest, dritte Auflage.　Hans Huber.　K. コッホ著.　1957，岸本寛史・中島ナオミ・宮崎忠男訳.　バウムテスト第 3 版.　誠信書房，2010.

岸本寛史.『バウムテスト第三版』におけるコッホの精神.　山中康裕他編，バウムの心理臨床.　創元社，2005.

岸本寛史.　バウムテストの開通効果.　精神療法.　43（1）.　18-21，2017.

水口公信.　最後の樹木画.　三輪書店，2002.

中島ナオミ. Koch の原著 “Der Baumtest” とその英語版との比較対照による検討（第 1 報）.　大阪府立公衆衛生研究所報・精神衛生編.　23.　27-40，1985.

中島ナオミ.　わが国におけるバウムテストの教示.　臨床描画研究 17.　177-189，2002.

中島ナオミ.『バウム・テスト――樹木画による診断法』の問題点.　臨床描画研究.　21.　151-168，2006.

山中康裕・岸本寛史.　コッホの『バウムテスト第三版』を読む.　創元社，2011.

参考文献

岸本寛史.　バウムテスト入門.　誠信書房，2015.

岸本寛史．がんと心理療法のこころみ．誠信書房，2020.
岸本寛史編．臨床バウム．誠信書房，2011.
山中康裕．たましいの形．山中康裕著作集 5 巻．岩崎学術出版社，2003.

5　自然とイメージ 2

岸本寛史

富士川からの富士山

《学習のポイント》 告げられたアイテムを順に描いて風景を完成させる風景構成法の治療的な力について論じる。その鍵の一つはイメージにストーリーが織り込まれている所にある。
《キーワード》 風景構成法，構成法，2種類の教示，ストーリーとしての描画

1．風景と情動・記憶

ユングがマンダラなどの絵画を描いていたことはよく知られているが，2019年に『ユングの芸術』（C.G. ユング著作財団編集，2019／2022）が刊行され，ユングが描いていた風景画も衆目を集めるところとなっている。同書にはユングが描いた20点の風景画の他，スケッチなども掲載されている。（グアッシュ，パステル，水彩画など，画法も多彩で，『赤の書』を描くにあたり，ユング自身が絵の具そのものを作るところから行っていることも明らかにされている）。24歳頃に描いた丘のある風景は「明るさが特徴的」であり，25歳のときに描いた暗雲が幾重にも重なった高い空の下に広がる丘陵は「暗い色調」で描かれていて，「描く主題よりも，情動面の方が際立っている」と解説されている。あるいは，パリの滞在中に描いた水彩画については，「北フランスの景色や小さな水彩画を自分で描いていた。（中略）一度だけ，記憶の中の風景を朝の4時まで描いたことがある。この外国の景色は，色彩も気分も，私に強い印象を与えた」とユング自身が回想している。ここから情動と記憶というキーワードを抽出できる。

風景は情動を喚起し，記憶に刻まれる。風景の原点に，情動と記憶があるといえるだろう。それゆえ，小さい頃から繰り返し見た風景や強い情動を体験したときに刻まれた光景が，心のあり方に強い影響を及ぼす

ことも容易に推測できる。幼少期の，さらに青年期の自己形成空間として深層意識の中に固着した心のイメージを奥野（1972）は「原風景」と呼んだ。それを嚆矢として，文学をはじめとして，心理学，地理学，環境教育学，建築学，造形学など，さまざまな学問分野で原風景をキーワードにした研究が展開されてきた。

呉（2001）は語りを手がかりに「原風景」の心理学的な意義を分析している。「原風景」と言われて思い浮かべるイメージとして，「自分が生まれ育った故郷の風景」，「（日本の原風景としての）田んぼの風景」，「今もとても強烈に覚えている田舎の夕日の風景」などはその典型であろう。勝原（1986）は農村風景を原風景として捉え，個人的原風景，地域的原風景，国民的原風景，人類的原風景などが重層的に原風景を構成していると指摘している。1980年代以降，実証研究が行われるようになり，感情的次元を中心に捉える方向と空間構造に焦点を当てた研究という二つの大きな流れができたが，実証的研究によって原風景の体験そのものからは離れることになったようにも見える。そのような中で，呉（2001）の取り組みは「語り」を切り口に原風景の体験に迫ろうとしている点で注目される。

2. 心理療法における原風景

呉（2001）の研究を引きながら，中込が臨床心理学の立場からアスリートの原風景について論じている（中込，2017）。質問紙による研究から明らかにされたアスリートの原風景の特徴も興味深いが，一卵性双生児の事例は示唆に富む。「幼少期から長じるまで，同じ競技を同じ環境で継続する一卵性双生児」が，一方は大学で競技スポーツから離れ企業就職し，他方は体育系大学に進学して競合チームでレギュラー選手として活躍すると各々異なる道を歩むことになったが，その背景に，原風景などの自伝的記憶への意味づけの相違があったのではないかという。「遺伝的側面や生育環境が類似していても，各々が生育過程で経験する出来事をどのように意味づけるかが，その後の歩みに大きく影響」したのではないかと考え，原風景をどう語るかは，その意味づけに迫る一つの切り口になるのではないかと検討している。彼らはアスリートの心理的支援において風景構成法を積極的に用いて優れた取り組みをしているが，その背景には，原風景の重要性に対する認識があると思われる。

記憶と風景の関係については，「記憶というのは最後は一枚の絵になっていくのだと思います。六〇を過ぎた我々にとっては，二〇代の記憶と三〇代の記憶は，縦並びではなく，横並びしていく。つまり，縦から横に並び変わり始めていて，最後は全くひとつの風景になっていく」という中井（中井・磯崎，1998）の言葉が核心をついている。記憶が風景になっていくのであれば，逆に，風景から記憶にアプローチをする可能性も開けることになる。つまり，PTSD など，トラウマ記憶が中核をなす病態において，風景を新たに構成していくことに治療的な意義を見出せるかもしれない。風景に焦点を当てた方法として，以下，風景構成法について述べるが，「原風景」に焦点を当てた心理療法の可能性についても今後検討されてよいだろう。

3. 風景構成法という方法

風景構成法については 1970 年代から中井久夫，山中康裕をはじめとして心理療法のみならず精神科臨床においても関心を集め，また実践が重ねられてきた。風景構成法とは，川，山，田んぼなど，順番に告げられる 10 個の項目（詳しくは後述する）を描き込んで一つの風景を仕上げていくという描画法である。川，山，田んぼなど，心の深いところを刺激するような項目が次々と告げられるので，原風景が表現されやすいと考えられるかもしれないが，必ずしもそうとはいえない面もある。風景構成法という名前が示すように，告げられたものを，言われた順番で描いて，風景を構成していくところにその特徴があるからである。単に心の中に浮かぶ風景を描いてもらうわけではなく，言われた通りに風景を作り上げていく。ここに本法の特徴と治療的な力の鍵がある。

風景構成法を創案したのは中井久夫（1970，1971）である。中井が河合隼雄の箱庭療法の講演を聴き，それに触発されて箱庭療法を導入したいと考え，用具を準備するあいだに，それが待ち切れなくて，紙面で箱庭を行うかのように，紙にいろいろな項目を描き込んでもらうという方法を着想したのが始まりであるという（中井，1984）。二次元の世界で箱庭を行っているとイメージすることもできる。ただし，置く（描く）物と順番が決まっているという点は箱庭と異なる。

実際に風景構成法が施行されるようになり，箱庭療法に導入できるかどうかを事前に決める予備テストとしての意味合いを持つことが明らかとなった。また，統合失調症の病型によって，風景の構成の仕方にも違いが見られるということも明らかとなった。このように，描かれた風景を分析することで，箱庭療法の適応を決めたり，病態の特徴を読み取ったりすることができることから，心理テストとしての意義が探究されてきた。

しかしそれ以上に，風景構成法には治療的な作用があることにも当初から強い関心が注がれ，臨床においては，しばしば，治療的媒体の一つと位置づけられて実施されてきた。テスト的な側面に目を配ることも大切だが，本章では，「イメージの力」という本科目の趣旨を踏まえ，この方法に潜む治療促進的な力の方に焦点を当てて論じる。

4. 風景構成法の実施

実施にあたっては，紙と細字のフェルトペン，クレヨンを用意する。紙は八つ切りの画用紙か A4 判のケント紙などを用意する。当初は八つ切りの画用紙が用いられていたが，この大きさでは面接も含めて 50 分のセッションに収まり切らないことが多く，描き手も疲れることが多いので，A4 判の大きさが標準とされた（山中，1984）。また筆者は，クレヨンだけでなく，色鉛筆を用意して描き手に選んでもらうというやり方をしていた。

実際には，1 枚の用紙を取り出し，細字のフェルトペンを取って，無造作に，額縁のように，一本の線で枠どりをした後，「これから風景を描いてもらおうと思います。上手下手を見るのではありませんから，好きなように描いてください。ただし，私のいう順番通りにしてほしいのです」（山中，1984）と言って，「まず川です」「次は山です」…と，川，山，田んぼ，道，家，木，人，花，動物，石の 10 個の画題を順番に描き込んで，一つの風景に仕上げてもらう。その後で，付け加えたいものがあれば描き足してもいいですよと伝え，一通り描き終わったら，色を塗って仕上げるという方法である。描画後に，時間帯や季節など尋ねることも多い。描画後の質問項目は標準化されていないが，ある程度決めておくと比較が可能になる。一方で，特に気になった部分，よくわからない部分については，侵襲的にならない程度に説明を求めてもよい。

すでに述べたように，風景構成法は，元来，テストとしてよりもその治療的意義にウェイトが置かれ，一種の表現療法として用いられてきた。教示についても同じで，客観的なテストを行うというつもりでただ淡々と画題を告げていくのではなく，面接中の会話と同じように，相手のことを慮りながら，自分らしい表現をしてもらえるようにする。絵を描かせるのではなく，絵を描いてもいいと思ってもらえるような雰囲気が醸し出されることが大切である。彩色についても，塗りたくない場合にはそれも許容することも含んだ上で，「色を塗ってもらえますか？」と頼む。一回のセッションで収まらない場合，次回にその続きを行ってもよいが，これも強制するのではなく，相手の希望を聞いて進めるのがよい。

5. 画題の順序

描いてもらう画題の順序は，中井が直感的に一気に決めた（中井，1984）とのことだが，なかなかよく考えられており，その意味を知っておくと，教示のときに迷わないですむので，簡単に触れておく。川，山，田，道，という最初の４つの項目は，大景群と呼ばれ，風景の大体の構図を決める。まず「川」から描き始めるところにこの方法のミソがある。中井は「『山』から始めると，第一歩で構図があんまり決まりすぎる」と述べている。「川」をどーんと大きく描いた後で，次に「山」と言われてはたと困られることもよくある。バウムテストと異なり，フェルトペンで行うのが一般的だから，一度描いた川を消すこともできない。そういう状況でどんなふうに山を描くかにその人らしさが表れる。こうして川，山，田んぼ，道で大体の構図が決まったら，次に，家，木，人（中景群）が描かれる。これは中井が風景構成法に先立ってHTP（house, tree, person）法という描画法をやっていた経験があり，これらの項目をそのまま取り入れたとのことである。したがって，風景構成法にはHTPが含まれているのである。次に近景群，すなわち，花，動物，石が続く。人を描くことには，たとえそれが棒人間でもエネルギーが要るので，「花」を描いて一休みしてもらおうというところに中井の優しさが隠されている。そして「動物」を描いた後で最後に「石」で締めるという構成になっている。

なお，風景構成法を実際に行う前に，少なくとも一度は，誰かに教示をしてもらって自分でも描く経験をしておくことは大切である。実際に描いてみると，この方法の難しさや良さが実感できるだろう。

6. 描画プロセスを見守る

さて，実際に風景構成法を実施するときには，特に慣れないうちは，次に教示する項目に気を奪われて，描画プロセスに目を配ることがおろそかになりがちであるが，描かれるプロセスに侵襲的になりすぎない程度に目を配り，その様子や，そのときに交わした会話なども併せて記録をしておくことが肝要である。メモ程度にキーワードを書き留めるのは許容されるが，基本的にはこれらの記録も，面接が終わってから記憶に基づいて書き留めるという姿勢で臨む。これは，面接中の他の会話を書き留めるやり方と同じである。

中井がすでに指摘しているように，「一人で部屋の隅で描かれた，いわゆる病理的絵画と，面接の場で描かれた絵画，あるいは面接の場で何ごとかを伝えるために描かれた絵画は，全く質が異なる」。描かれるプロセスを見守ることは，この方法を治療的なものにする上で重要な要因の一つである。完成された作品に目を向けるだけでは，風景構成法の力を十分に生かすことはできない。

7. 事例

ここで，事例を示す。今から20年近く前になるが，筆者が血液内科医をしていたときに受け持った白井さん（仮名）という急性白血病の30代女性が描いた風景構成法である。病気を発症して１年ほど経過していたが，最初は治療が奏効していたものの，３か月ほど前に再発してからは抗がん剤が効かなくなってきて，病状が徐々に厳しくなっている中で描いてもらった。（詳しい経過については拙著（岸本，2020）第10章に記している。）描くプロセスを見守ることが大切であると強調したばかりだが，その点ではこの事例は例外である。白血病で入院治療中の彼女に，10の画題を書いた紙を封筒に入れ，封筒に書いてある数字の順番に開いて，そこに書かれている順番に項目を描き込んで風景にしてほしいと伝えて描いてもらったからである。

風景構成法を頼んで数日後，「これを描いた」と渡してくれた（図5－1）。絵について尋ねると「季節は今。動物は牛。最初，これは道ではなく川のつもりで描いたんだけど，途中からどうしてもこっちの方が道に思えてきて…」と言われた。そこでまず目についたのが天に抜ける道で，この絵を見た瞬間に，白井さんは，自分の進む道が天に通じている（死が迫っている）ということを（半ば無意識的にではあれ）知っておられるのではないかという思いに襲われた。そして，私ができることは，可能な限りその道行に同行することではないかと感じた。

なお，一つ断っておくと，風景構成法は描かれる順に理解していく（岸本（2013），川嵜（2018））のが順当な理解方法だが，このときは目の前で描いてもらったわけではないので，完成した作品を一望のもとに眺めたところが通常とは異なる。ただ，描く順序は指定されているので，描いている場面は見ていなくても描かれるプロセスはある程度辿ること

図５−１　白井さんの風景構成法

ができる。

そうして頭の中で描かれるプロセスを辿りながら，用紙が縦位置で描かれたのも，この道を描きたいからではないかと思ったが，最初に描くのは川なので，その説明には無理があると思った。ところが，「これは道ではなく（最初は）川のつもりで描いたんだけど」と言われたので疑問が氷解した。彼女が最初に川を描くようにという指示を見たときに，天に抜ける川のイメージが最初に浮かんで，縦位置の方がしっくりくると感じられたに違いない。ところが，「途中からどうしてもこっちの方が道に思えて」と，天に抜けるこの川こそ，自分が進む道だと感じられたのだと思う。その後まもなく，彼女が天に召されたことを想うと，彼女には自分が進む道がわかっておられたのではないかという思いに襲われる。医療現場では，患者が病状を正しく理解していないということが話題になることが少なくないが，私はこのような経験を重ねる中で，患者は深いところでは病気のことをしっかりと見つめていると思ってお会いする方がよいと考えるようになった。

8. 物語としての風景構成法

事例の中でも触れたが，描かれた風景を理解するときに陥りやすい落とし穴が一つある。それは，描かれた風景を，そのプロセスを読み込んで理解しようとするのではなく，完成された一つの作品として評価してしまうことである。風景構成法では，描き順が定められている。一つの風景になるようにという要請はあるが，描く物を一つずつ順番に指示されるため，川を描くときには川に集中し，山を描くときには山に自然と目が向かう。画題の一つひとつに集中しながら描き込むのは，予め一つの風景を想定して例えば山と川と道の位置関係を想定しながら風景を描くのとは，根本的に異なる作業である。風景構成法のこの教示によって，描かれる風景は自然と多視点的な構造を持つように促される。

この点を強調するために，筆者はかつて，風景構成法を風景画としてではなく，一つの物語として理解する必要があると論じた（岸本，2013)。物語とは，「出来事を何らかの意味のある連関によってつなぎ合わせたもの」（斎藤・岸本，2003）である。まず「川」を描く。次に「山」を描くときには川との関係を無視できない。すでに描かれた川とこれから山をどうつなぐかが，用紙の上で展開される。さらに次に描く「田」も，すでに描かれた川と山との関係を考慮して描かねばならない。このように，風景構成法では告げられる画題を用紙の上でつないでいく作業がなされていると言えるので，この構成プロセスを無視して理解することは乱暴な理解につながる可能性がある。構成プロセスを踏まえた風景構成法の理解については川嵜（2018）が詳しく論じている。

1452 年にイタリアのフィレンツェでフィリッポ・ブルネレスキによって線形透視図法が発明された。線形透視図法発明前後のフィレンツェの地図を比較するとその違いは一目瞭然である。1350 年頃に描かれた方の町の様子（図 5 - 2）を見ると，1480 年頃の下の絵（図 5 - 3）と比べて，どことなく落ち着かないような，雑然とした印象を受けるかもしれない。それは，建物がそれぞれ，さまざまな角度から描かれていて，複数の視点が同時に示されているからである。画家が町のあちこちを歩きながら捉えた風景が描かれているかのようで，それを見ているわれわれも町の中に入っていけるかのように感じることもできる。そして，風景構成法で描かれる多視点的な構造を持つ絵にもまさにそういう感じを受けることが多い。

これに対して，1480 年頃の絵には，実際に町の郊外の小高い丘から眺めたときに見えるような，リアルな姿が描出されている。言い換えると，こちらの絵の方は，画家は町の外におり，町の中を散策する遊歩者というよりは，町の外から町の全貌を観察する見物人に変わっている。画家は町の中にいない。町は画家が生きる世界ではなく，画家の観察の対象，魂を抜かれた標本に姿を変えている。このような描写を可能にしたのが線形透視図法である。線形透視図法の大きな特徴は，画家の視点を，その全景が見渡せるような一点に定めて固定しておくということである。

Panorama of Florence, Loggia del Bigallo（1352）
http://www.poderesantapia.com/engels/firenze.htm

図5－2　フィレンツェの地図

（線形透視図法発明前，1350年頃／ユニフォトプレス）

Map of Florence: Carta Della Catena
http://www.museumsinflorence.com/musei/museum_firenze-com-era.html

図5－3　フィレンツェの地図

（線形透視図法発明後，1480年頃／ユニフォトプレス）

ここで留意すべきは，一つの視点から描かれたような線形透視図法的な構造を持つ整然とした風景を理想として，風景構成法を見てしまう，あるいは評価してしまうようなことは避けねばならない，ということである。先に述べたように，そもそも風景構成法は線形透視図法的な絵を描きにくいような教示がなされている。したがって，線形透視図法を頂点とするような物差しで眺めると，統合度の低さが過度に強調される危険がある。このことはすでに，創案者の中井（1970）が「川の次に山という順序は，わざと構成上の困難を設定するためのものである」と述べていることからも明らかである。それゆえ，線形透視図法を知ったわれわれの意識が風景画を見るときに，無意識のうちに線形透視図法を用いて描かれた絵を理想とする尺度で評価していないか，ということを常に自問しておく必要がある。

引用文献

C.G. ユング著作財団編集．山中康裕監訳．ユングの芸術．青土社，2022.

勝原文夫．村の美学．論創社，1986.

川嵜克哲．風景構成法の文法と解釈 描画の読み方を学ぶ．福村出版，2018.

岸本寛史．ストーリーとしての風景構成法．岸本寛史・山愛美編．臨床風景構成法．誠信書房，2013.

岸本寛史．がんと心理療法のこころみ．誠信書房，2020.

中込四郎．アスリートの原風景．中込四郎・鈴木壯．アスリートのこころの悩みと支援――スポーツカウンセリングの実際．誠信書房，2017.

中井久夫．精神分裂病者の精神療法における描画の使用――とくに技法の開発によって作られた知見について．芸術療法，2，77-90，1970.

中井久夫．描画をとおしてみた精神障害者――とくに精神分裂病者における心理的空間の構造．芸術療法，3，37-51，1971.

中井久夫．風景構成法と私．山中康裕編．H・NAKAI 風景構成法．岩崎学術出版社，

1984.
中井久夫・磯崎新．悲劇に抗する建築に向けて．批評空間．二期19号．146-159, 1998.
呉宣児．語りからみる原風景――心理学からのアプローチ．萌文社，2001.
奥野健男．科学の眼・文学の眼――私の原風景．冬樹社，1972.
斎藤清二・岸本寛史．ナラティブ・ベイスト・メディスンの実践．金剛出版，2003.
山中康裕．「風景構成法」事始め．山中康裕編．H・NAKAI風景構成法．岩崎学術出版社，1984.

参考文献

鈴木壯．スポーツと心理臨床．創元社，2014.
山中康裕．たましいの形．山中康裕著作集5巻．岩崎学術出版社，2003.
山中康裕編．風景構成法その後の発展．岩崎学術出版社，1996.

第 5 章関連 column

Exercise

あなたの原風景をたどってみましょう。

Episode 1　自分にとって大切な場所とはどんなところでしょう？
それは，自分にとってどんな思い出がありますか？

Episode 2　あなたの原風景を，風景構成法の順番で描いてみましょう。
川⇒山⇒田⇒道⇒家⇒木⇒人⇒花⇒動物⇒石⇒その他

6　自然とイメージ３

―― 火と水の祭り ――

橋本朋広

《学習のポイント》 祭りでは象徴を媒体にして聖なるものの顕現（ヒエロファニー）が生じ，聖なる世界が創造される。火と水の祭りである那智の火祭を事例として取り上げ，そこで象徴がどのように用いられてヒエロファニーが生じ，聖なる世界が創造されるのかを見ていく。

《キーワード》 象徴，那智の火祭，ヒエロファニー

1. イメージの力と祭り

他の章では，主に心理臨床におけるイメージの働きを紹介し，イメージの持つ力について考察している。それを見ていただくとわかるように，心理臨床において，クライエントは，イメージ表現によって，世界や他者および自己についての経験を表現し，その意味について思いをめぐらし，そうしながら苦悩の癒しを体験していく。イメージは，そのような癒しの体験の媒体である。

心理臨床家は，クライエントのイメージ表現を促すため，また，イメージ表現を受け止め，それに的確に――クライエントが安全かつ果敢にイメージを想像し表現していけるように――応答していくため，媒体としてのイメージの力を深く理解する必要がある。

ところで，イメージは，単に個人的な癒しの媒体になるだけではない。それは，集合体としての共同体に救済体験をもたらす媒体にもなる。この場合イメージは，世界創造の媒体として働く。そして，共同体は，創造された世界に包まれることによって救われる。イメージには，このような極限的な力が秘められている。

本章と次章では，このようなイメージの持つ極限的な力について考察を深めるため，祭りを事例として取り上げ，そこにおけるイメージの働きを見ていく。

なぜ祭りを取り上げるのか？　それは，まさに祭りが，イメージを媒体にして世界を創造する活動だからである。このことはさまざまな研究者が指摘している。[(1)]

A・ファン・ヘネップ（van Gennep, A., 1909／1995）によれば，祭りの目的は豊穣，増殖，生産の向上を求めることであり，祭りは，分離・過渡・統合という構造を持った儀礼によって社会および人間を日常の世界から分離させ，宇宙の生産力に結びつける。

また，E・リーチ（Leach, E., 1976／1981）によれば，祭りは，分離儀礼・境界状態・統合儀礼によって構成され，分離儀礼で断食をしたら統合儀礼で饗宴をし，分離儀礼で公式性を強調したら統合儀礼で非公式性を強調するといったような仕方で社会的時間や空間を分節化し，そうして時空間に切れ目を入れることで社会的秩序を構成する。

さらに，V・W・ターナー（Tuner, V. W., 1969／1976）は，儀礼の過渡期における社会構造に拘束されない実存的な関わりの様式をコムニタス（communitas）と呼び，それが通常は社会構造に拘束されている人間に本質的な連帯感を認知させ，社会構造の安定に寄与する，と述べている。

この他，M・エリアーデ（Eliade, M., 1957／1969）によれば，祭りは世界の中心を表す象徴の使用を通して神々によって創造された起源の世界を再現し，人間は，そのような聖なる時空間の一員となることによって聖なる世界の規範を獲得する。

以上からわかるように，祭りは，象徴を用いた儀礼によって社会的な時空間を分節し，共同体を内に含む聖なる世界を創造する。そして，共同体の成員は，その聖なる世界の規範を身につけることによって，その世界の一員となる。このように，祭りにおいて用いられる象徴は，世界創造の媒体である。イメージの力の極限を探るために筆者が祭りに注目するのは，そこにおいて象徴による世界創造が行われているからなのである。

2. イメージと象徴

ところで，ここまでの説明では，イメージと象徴の違いを明確に示さなかった。そこで，その異同を示しておきたい。

イメージとは，辞書的には，「心の中に思い浮かべる像」（『広辞苑』第六版）を意味する。このような意味でのイメージには，単に想起などにおいて思い出される像から，宗教や芸術において非常に意味深い何かとして想像される像まで，じつに幅広いものが含まれる。そして，このようなイメージの質の違いは，イメージに関わる主体の態度によって生じる。前者においては，イメージは，単なる過去の再現と見られるし，後者においては，それは意味深い何かとして見られる。

一方，象徴とは，辞書的には，「①ある別のものを指示する目印・記号，②本来関わりのない二つのもの（具体的なものと抽象的なもの）を何らかの類似性をもとに関連づける作用」を意味する。①の場合，象徴は，意味するもの／意味されるもの，記号表現／記号内容，シニフィアン／シニフィエとして捉えられているから，それは結局のところ記号である。②の意味にしても，言語学が明らかにしているように，シニフィアンとシニフィエの結びつきは恣意的であるから，象徴は結局記号である。

しかし，では象徴は結局のところ単なる記号なのかと言うと，そうではない。C・G・ユング（Jung, C. G., 1967 ／ 1987）も指摘しているように，本当に意義深いものとして体験される象徴は，「あまりよく知られていない事柄の可能なかぎりで最良の表現」（同書，p.508）である。

その場合,「意味されるもの」「記号内容」「シニフィエ」は，得体の知れない何かであり，そこに含まれる意味は多元的である。

とはいえ，象徴には，確かに記号的な側面がある。例えば，本当に信仰に生きている人にとっては，十字架は非常に意味深い何かの表現であるが，信仰をしていない人にとっては，キリスト教の記号である。

このように，象徴も，イメージと同様，それに関わる主体の態度によって質を変える。このことからわかるように，象徴とは，未知の意味深い何かの表現として受け取られたイメージのことである。そして，このような象徴には，偉大な芸術表現における象徴がそうであるように，多くの人に似たような心の動きを生じさせ，未知の意味深い何かを直観させる力がある。

単にイメージというと，それは個人の心に思い浮かべられたものというニュアンスを持つが，象徴には，多くの人にとって意味があるものというニュアンスもある。それは，象徴が，特に，多くの人の心に類似の作用を引き起こすイメージだからである。象徴は，多くの人に類似のイメージ体験を引き起こし，未知の意味深い何かを直観させ，人々を一つにする。象徴は，人間に共通の体験をもたらすという意味で，心を普遍的な形に構造化する型，ユングのいう「元型（Archetype)」を基礎にして生じる「根源的イメージ」(Jung, 1967 ／ 1987, p.448）であるといえよう。祭りにおいて象徴が多用されるのは，それによって多くの人々に類似の意味深い体験をもたらし，人々を一つに結びつけるためなのである。

しかし，そうした象徴も，それが多くの人に共有され，使い古され，その意味が形骸化すると，それを意味深い象徴としてイメージする主体の働きから切り離され，単なる既知の意味を表す記号のようになる。

祭りにおける象徴も例外ではない。祭りが単なる旧習に成り果て，その象徴も真剣に扱われなければ，単に迷信を意味する記号に成り果ててしまう。しかし，生きられた祭りにおいて，象徴が意味深いものとして真剣に扱われるとき――つまり，それを意味深いイメージとして参加者が主体的に扱うとき――，それは非常に意味深いものになる。生きた祭りには，象徴が意味深い何かとしてイメージされ，そのイメージが象徴になる過程，未知の意味深い何かが現れ，聖なる世界が実現する過程が示されている。以下，祭りにおいて，どのように象徴が扱われ――つまり象徴操作がなされ――，聖なる世界がどのように実現するのか見ていこう。

3. 火と水の祭り――那智の火祭 (2)

事例として取り上げるのは，いまも厳粛かつ壮大に行われており，日本三大火祭と言われることもある，那智の火祭である。この伝統的な祭りは，古代の自然崇拝を背景に神道や修験道の影響を受けながら発展したものであり，古来自然と深く関わりながら生きてきた日本人の世界像が示されている（宮家，1981）。その祭りで扱われる象徴は，まさに日本人の根源的イメージの一つであるといえよう。筆者は，この祭りの参与観察を 2003 年に行った。

那智の火祭は，毎年 7 月 14 日に行われる熊野那智大社（以下，大社）の例大祭である。大社の信仰の起源は，那智大瀧（以下，大瀧）を神として崇めた自然崇拝であると言われる（熊野那智大社，2002）。神武天皇東征の折，熊野に上陸した天皇が山腹に光り輝く大瀧を発見し，それを大己貴命（おおなむちのみこと）として祀ったという伝説もある。仁徳天皇 5 年（317 年），那智山の東にある光ヶ峰に神光が現れたのを機に，大瀧が見渡せる那智山中腹に社殿が建てられ，そこに熊野夫須美神を中心とする熊野の神々

（熊野権現）を勧請したのが大社の始まりである（宮家, 1981）。現在は，大己貴命と夫須美神を含む神々（熊野十二所権現）が祀られている。また，瀧本には大瀧を御神体とする別宮飛瀧神社があり，大己貴命が主祭神として祀られている。

例大祭では，12本の扇神輿に熊野権現が乗り，大社から大瀧まで渡御する。扇神輿の頂上部には，6つの扇と鏡を円形に組み合わせたものがあり，その周囲には放射光を示す「光」と呼ばれる飾りがついている（口絵1を参照）。このことからわかるように，扇神輿は太陽を表すと考えられる（宮家，1981）。また，扇神輿は大瀧の姿を模しているとも言われる（熊野那智大社，1970）。祭りは，扇神輿を用いることから扇会式や扇祭とも呼ばれるが，扇神輿が渡御の途中で松明に浄められるシーン（口絵2を参照）が強い印象を与えることから，一般に那智の火祭の名称で親しまれている。

祭りは，以下の手順で行われる。まず，本社本殿にて熊野の神々に神饌が供えられる（御本社大前の儀）。その後，本殿前で，大和舞（稚児による舞），那智田楽，御田植式が行われる。御田植式では，木製の牛頭や柄振を持った白装束の舞人が田に見立てて四角に敷かれた筵の上をまわる。本殿前で12本の扇神輿に神々が降ろされると（扇神輿渡御祭），扇神輿が大瀧へ向かって出発する。

扇神輿は順に大瀧へ向かって山を下りてゆくが，その間，先に瀧本へ下った権宮司によって光ヶ峰遙拝神事が行われる。神事では，権宮司が松明（結びの松明）を光ヶ峰に奉じる。そして，瀧本へ下る参道に扇神輿が入ってくると，白装束の男たち（御田植式の舞人たち）が12本の巨大な松明を持ち，参道を駆け上がり，扇神輿を迎える（御火行事）（口絵2）。扇神輿は炎に浄められながら力強く松明を押しのけて進み，参道を下りていく。

こうして扇神輿が瀧本へ到着すると，権宮司は，結びの松明で浄められた打松（扇形の削り掛け）で扇神輿を打つ（扇褒め神事）。そして，扇神輿は大瀧の前に並べられる（口絵1を参照）。扇神輿が飾られた瀧本の斎場では，大瀧に神饌が供えられ（御瀧本大前の儀），続いて白装束の舞人による御田刈式（御田植式と同じく仮設の田の周囲を，鎌を持ち田刈歌を歌いながらまわる）と那瀑舞（大瀧を讃える歌を歌いながら，日の丸の扇子を使って舞う）が行われる。そして，扇神輿は本社へ還御し，祭りは終了となる。

この祭りの意義については諸説ある（宮家，1981）。一つは，祭りを那智権現の起源神話の劇化と見る説であり，もう一つは，豊作を予祝する農耕儀礼と見る説である。前者は，光ヶ峰から熊野権現を勧請し鎮座させた出来事が，光ヶ峰遙拝神事・扇褒め神事・扇神輿還御に反映されているとする。後者は，田楽，御田植式，御田刈式などの予祝儀礼が行われること，扇に虫除けの性格があること，火が虫送りに使われることなどから，火祭を一種の農耕儀礼と見る。

宮家準（1981）によれば，これらはいずれも，土地神に太陽神の力を付与するという観念を土台として成り立つ。起源神話の劇化説は土地に太陽神が鎮座するという主題を述べており，農耕儀礼説は太陽神が土地の生育力を高めるという主題を述べていると考えるのである。扇神輿が太陽や大瀧を表すとされることは前述した。その扇神輿が12本の巨大な松明によって浄められたり，（光ヶ峰に奉じた結びの松明によって浄められた）打松で打たれたりする場面を見ると，確かに熊野の自然そのものである熊野権現に太陽の霊力が吹き込まれるという観念は納得できる。滝は万物を生かす生命の源であり，滝を表す扇神輿を松明で浄めるのは，火によって水を輝かせ，水の生命力を活性化しようとしているからだとも言われる（熊野那智大社，1970）。那智の火祭は，扇神輿＝熊野権現＝熊野の自然＝大瀧が，太陽＝光＝火の力によって生命力を回復するという観念を表しているといえるだろう。

4. 那智の火祭における象徴操作（3）

那智の火祭はいくつもの儀礼で構成されているが，大きくは5つの場面に分けられる。1）大社本殿にて，宮司が神に食べ物を捧げ，巫女が神に舞いを捧げる儀礼場面。2）本殿前で，稚児や青年が舞や田楽を奉納し，白装束の男たちで構成される舞人が御田植式を奉納する儀礼場面。3）奉献した扇神輿に神々を乗せ，それを舞人が担ぐ大松明によって浄化しながら大瀧へと運ぶ場面。4）宮司が大瀧に扇神輿や食べ物を奉献する儀礼場面。5）大瀧の御前で，舞人が那瀑の舞や御田刈式を奉納する儀礼場面。以下では，これら5つの儀礼場面において，どのような象徴操作によって聖なる世界が顕現するのかを見ていこう。

1）では，宮司が神に食べ物を捧げ，巫女が神に舞を捧げるとき，参加者は，その場が聖なる時空間になるのを感じ，自分たちが聖なるものに包まれているのを感じる。その際，聖なるものはこちらの世界を超えて向こうにありつつ，同時にこちらの世界へ到来し，こちらの世界そのものをもたらすような創造力として体験される。また，こちらから向こうへ捧げられる食べ物や舞は，捧げられるものでありながら，むしろまったく逆に，向こうからもたらされ，向こうによって創造されたものとして体験される。そして参加者は，自分自身の生存も向こうから与えられるものとして体験する。エリアーデ（Eliade, 1957／1969）は，このような聖なるものの顕現をヒエロファニー（Hierophanie）と呼んでいる。仮に今，このヒエロファニーにおいて体験される世界創造力を神と名づけるなら，この場面が「神／食べ物／宮司／人」あるいは「神／

舞／巫女／人」といった要素で構成されていることがわかる。ここで宮司や巫女は，何らかの実体というより，人が行う「捧げる」という行為そのもの，いわばそれによってこちらとあちらを分離しつつ結合するような媒介的な機能そのものを表している。つまり，捧げるという行為によって，こちらとあちらが分離し，神の領域と人の領域を生成し，食べ物や舞は神の顕現となり，世界もまた神の顕現となり，人もまた神から与えられるものとして神に包摂されるのである。

2）では，稚児・青年・舞人が舞や田楽といった芸能を奉納する。これらの芸能が行われるとき，やはり参加者は，その場が聖なる時空間になるのを感じ，美しい芸能を神の顕現として体験する。また，これらの芸能では瀧や田などの熊野の自然が褒め称えられるが，それによって熊野の自然も神の顕現となる。つまり，1）同様，これらの場面も「神／芸能／稚児・青年・舞人／人」「神／自然／稚児・青年・舞人／人」といった四要素で構成されている。

3）については，大松明が舞人によって神の乗る扇神輿に捧げられるが，その扇神輿もそれを持つ扇指しによって神に捧げられたものであり，そうして両者は神の顕現となる。また，燃え盛る大松明にも燃やされずに聳え立つ扇神輿という劇的構成によって，そこには，火のように輝きながら，火よりも強い，聖なる光が顕現する。このことは儀礼上の観念にも反映されており，扇神輿は太陽を表すとも言われている。このように，この場面は「神／扇神輿／扇指し／人」「神／大松明／舞人／人」によって構成されている。

4）では，扇神輿や食べ物や芸能は大瀧に捧げられ，すべてが聖なるものの顕現となる。ここで，一見すると大瀧は神の位置にあるが，ここでのヒエロファニーにおいては，神と大瀧は区別されている。つまり，大瀧は神の顕現であり，その意味で大瀧そのものが神なのではなく，神は大瀧を超えてそれを創造するものなのである。したがって，大瀧は扇神輿や食べ物や芸能と同等の位置にある。このことは儀礼上の観念にも反映されており，扇神輿は大瀧を表すとも言われている。その証拠に，5）の那瀑の舞において，大瀧は神の顕現として褒め称えられる。つまり，ここでは，大瀧・太陽・食べ物すべてが神の顕現であり，神からの贈与となる。つまり，4）もまた，「神／大瀧＋扇神輿＋食べ物／宮司／人」によって構成され，最後の5）も，2）と同様，「神／芸能／舞人／人」「神／自然／舞人／人」によって構成されている。

以上をまとめると，祭りの儀礼場面では，「神／捧げられるもの／媒介行為／人」という四要素によって聖なる世界が構成されていることがわかる。ここで捧げられるものは，食べ物・芸能・自然・火・太陽・扇神輿・大瀧などであるが，これらは「自然」として要約される。食べ物・火・太陽・大瀧が「自然」として要約されるのはわかりやすいと思うが，芸能を自然として要約するのは少しわかりにくいかもしれない。しかし，芸能において捧げられるのは自然としての人の身体であり，それに神が顕現するという点に注目すれば，ここでも，捧げられた自然に神が顕現し，世界が神の顕現となり，人も神から与えられるものとして神に包摂される，ということが起こっているのがわかる。

つまり，祭りでは，象徴を捧げる行為によって神／自然／人のカテゴリーを分節し，自然を神からの贈与として神に属させ，人もまた神からの贈与として自然に属させ，それによって両者を神に包摂するという操作がなされているのである。そして，この場合，神とは，何らかの実体としてではなく，それ自体は決して形を持たず，形あるものすべてを超えて存在し，それでいて形あるものすべてを創造し，そこにみずからを顕現させる働きとしてイメージされている。言い換えれば，それは，自然としての土地と人によって構成される世界全体を生み出す，未知なる生命的な働きとしてイメージされている。人は，みずからが生きる世界を，そういう働きからの贈与としてイメージし，その働きへ自己を捧げることで聖なる世界を体験するのである。

以上からわかるように，那智の火祭において，人は聖なる世界に包まれるが，それはヒエロファニーによってもたらされる。熊野の自然の生命力を太陽の力によって回復させるという観念が，祭りの参加者にとって説得力を持つのは，ここまで述べてきたような象徴操作によって参加者の意識にヒエロファニーが生じるからなのである。そして，非常に興味深いことに，ヒエロファニーは，贈与を受け取るのとはまったく逆の，捧げるという行為によってもたらされる。すなわち，食べ物・芸能・自然・火・太陽・扇神輿・大瀧といった象徴は，それらを捧げるという行為のなかでイメージされることで，真に聖なるものの顕現となり，聖なる世界を創造していたのである。このように，那智の火祭には，まさにみずからが欲するものを捧げる時にこそ，それが与えられるという，神秘的な逆説が示されているのである。

〉〉注記

(1) 各研究者の要約については，橋本（2005）に掲載された文章の一部を修正したものである。

(2) 本節の記述は，橋本（2012）に掲載された文章の一部を修正したものである。

(3) 本節の記述は，橋本（2014）に掲載された文章を加筆・修正したものである。

引用文献

エリアーデ，M.　風間敏夫（訳）．聖と俗――宗教的なるものの本質について．法政大学出版局，1969.（Eliade, M. *Das Helige und das Profane: Vom Wesen des Religiösen*（Rowoholts Deutsche Enzyklopädie Nr. 31）. Hamburg: Rowoholt,

1957.)

橋本朋広．祭りの心理学序説．プシュケー 京都ノートルダム女子大学生涯発達心理学科，4，29-42，2005.

橋本朋広．象徴体験における有と無の弁証法．箱庭療法学研究，25（1），27-37，2012.

橋本朋広．祭りのコスモロジーと心理療法における救済．大阪府立大学大学院人間社会学研究科心理臨床センター紀要，7，43-50，2014.

ユング，C. G.　林道義（訳）．タイプ論．みすず書房，1987.（Jung, C. G. *Psychologischen Typen*（C. G. Jung Gesammelte Werke Band. 6）. Rascher Verlag, 1967.）

熊野那智大社．那智詣．熊野那智大社，2002.

熊野那智大社．那智叢書第14巻 那智の火祭．熊野那智大社，1970.

リーチ，E.　青木保・宮坂敬造（訳）．文化とコミュニケーション――構造人類学入門．紀伊國屋書店，1981.（Leach, E. *Culture and Communication: The logic by which symbols are connected, an introduction to the use of structuralist analysis in social anthropology.* Cambridge University Press, 1976.）

宮家準．熊野那智大社の扇祭．法学研究，54（6），985-1005，1981.

ターナー，V. W.　冨倉光雄（訳）．儀礼の過程．新思索社，1976.（Tuner, V. W. *The Ritual Process: Structure and Anti-Structure.* Chicago: Aldine Publishing Company, 1969.）

ファン・ヘネップ，A.　綾部恒雄・綾部裕子（訳）．通過儀礼．弘文堂，1995.（van Gennep, A. *Les Rites de Passage: Étude systématique des ceremonies.* Paris: Librairie Critique, 1909.）

第 9 章関連 column

北欧神話の世界

世界は，最初，何もなかった。霧に包まれたぼんやりした形のかたまり（ギンヌンガップ）の真ん中にひとつの裂け目があり，嵐が吹き荒れ，中央から泉が噴き出して幾筋もの川に分かれ凍り付いた氷の塊が奥底に流れ落ちていた。氷と火がぶつかり合って滴下，その雫から生まれた両性具有原初の神ユミル（巨人族）から男女が誕生する。

ユミルはアース神族 3 兄弟：オーディン・ヴィリ・ヴェーに倒され，ユミルの体で世界が作られる。四隅（東西南北）を小人たちが支え，暗黒の宇宙が整う。炎の国の火花が空にまかれて星となり，特大の火が太陽と月として大地の周りを回った。巨人族は海の果てに隔離され，アース神族は大地に砦を築いて黄金に輝く神々の世界に居を構えた。

オーディン 3 兄弟は，浜辺の流木トネリコの木から男アスク，ニレの木から女エンブラを作り，命と魂，知恵と動力，目と耳とことばを授け，人間の国に住まわせた。

神族同士の戦いの末，人質交換により平穏な日々を取り戻すも，光の神の死により世の中は秩序を失い，狼が太陽と月を飲み込み，空から光が消え，星が天から落ち，大地が揺らぎ，山は裂け，あらゆる鎖や足枷がはずれて巨人族たちの呪縛が解かれ，神族に攻め入る。神族たちは団結して巨人族と戦うが次々倒れ，大地が炎に包まれて滅亡した。

いく時か経ち，沈んだはずの太陽が生み落とした娘が新しい太陽となって海から登り，世界が再生される。生き残った者たちは草むらに腰を下ろし，神々の遊んだ黄金の将棋盤を見つけて昔を懐かしみ，先人の知恵を尊み，ともに暮らすようになる。一方，ユグドラシルの洞で，人間の男女が朝露をすすって生き延びており，男はリーヴ（生命），女はレイヴスラシル（生命を継承する者）という名を持ち，新たな人間の始祖として子孫を増やし，豊かな大地を築いていった。

7　自然とイメージ４

── 海と山の祭り ──

橋本朋広

《学習のポイント》 沖縄の祭りであるウンガミを事例として取り上げ，そこで象徴がどのように用いられて聖なる世界が創造されるのかを見ていく。また，那智の火祭とウンガミを比較しながら，祭りと風土がどのように関係するのか，そして，風土はどのように創造されるのか，考えてみたい。
《キーワード》 風土，ウンガミ

1. 祭りと風土

本章で取り上げるのは，ウンガミという沖縄の伝統的な祭りである[(1)]。この祭りは，日本人にとっての救済を考える上で非常に重要であると考えられる。なぜなら，この祭りは，あの世から神が来訪し，人々を祝福し，再び去っていくという，日本人の「原〈あの世〉観」(梅原，1993）に基づく救済を典型的に示しているからである。

「原〈あの世〉観」とは，梅原猛（1993）が，アイヌと沖縄に見られる他界観を検討することを通して，弥生時代以前から存在している日本人の原型的な他界観として抽出したものであり，①この世とあの世は対称的な関係にある，②人は死んだら神になる，③すべての生き物は魂を持ち，その魂はあの世へ行くため，人は大切な生き物の魂をあの世へ送らなければならない，④あの世の魂は再びこの世へ帰ってくる，という特徴を持つ。

沖縄の場合，「あの世」は，海の彼方の常世であるニライ・カナイとして想像され，それゆえ沖縄の世界観は水平的な構造を持つ。仲松弥秀（1990）は，そのような水平的世界観の由来を，海へ開けた自然地理的環境に求めた。そのような環境では，雨をもたらす雲も，海の幸も，新しい文化も，すべて海の彼方からやってくる。それゆえ，海の彼方に，平和で幸福な世界が想像され，人々の生は，それを歓迎し，そこへ向かう水平的な運動を基軸に形作られ，その思想は「平和的・隣人相互交流型」（同書，p.116）となる。

このような沖縄の世界観は，沖縄の村（沖縄ではシマと呼ぶ）の景観にも反映されている[(2)]。仲松（1990）によれば，シマの背後の山はクサテモイ（腰当森）と呼ばれる。クサテ（腰当）とは，幼児が親の膝に座っている様を言う。クサテモイには先祖の居住区があり，そこはウタキ（御嶽）と呼ばれる。ウタキは，鬱蒼たる木々に囲まれた空間であり，シマの人々の根元として，生命の源泉として崇められている。シマは，先祖の霊が宿ると考えられるウタキを基点として，その下に先祖の霊を祀る草分けの家，さらにその下に分家，そのまた下に分家の分家というように扇形に広がっている。つまり，シマは先祖霊の宿るクサテモイに抱かれている。実際，海側から見たシマの景観は，まさにクサテモイの懐に深く抱かれているようである。また，そのような奥まったシマから見れば，海は開放的で神秘に満ちた広大な世界である。それゆえ，海の彼方はニライ・カナイと呼ばれ，そこからは五穀豊穣をもたらす神が来訪し，人々の霊も死後そこへ帰ると信じられている。このように，シマの景観は，山や海を聖なる場所とする沖縄の人々の世界観を反映しているのである。

以上からわかるように，風土は，その土地で生きる人々の生き方や世界観を反映している。そして，風土がそのようなものであり続けるのは，それが，過去そこに生きてきた人々の世界観を反映しつつ，そういうものとして，現在そこに生きる人々の経験に現れ，そうすることで，人々にその土地における生き方を教えるからなのである。

例えば，私が沖縄の海に立つとき，私は透き通るような青い海に開かれ，爽やかな風に吹かれている清々しい自分を発見する。私は，独特な海，独特な風をみずからの在り方とともに発見する。海が透き通るようで在り，風が爽やかで在るということは，私が清々しく在るということであり，私が清々しく在るということは，海が透き通るようで在り，風が爽やかで在るということである。このような意味で，風土とは和辻哲郎（1979）の言うように「自己了解の仕方」なのである。

そして，風土が人間の自己了解の仕方であるということは，自己了解の仕方に応じて風土の風土性（風土がまさに風土として現れる，その現れ方）が変化するということである。つまり，自己が深く自覚的に捉えられるほど，風土は風土としての様相を深め，真の「風土」になる。

風土は，そこにいる者を外にさらすと同時に内に包む。沖縄の海岸にいる私は，海と山の間に開けた空間の内に出で立つ。私は，外に出で立つと同時に，海と山の内なる空間に包まれる。私は，さらされながら包まれ，包まれながらさらされる。さらすことと包むこと。意識現象をありのままに捉えようとする現象学の視点から見れば，この二つの運動こそ風土の主な作用である。そのような作用によって，風土はわれわれに「自己がここに在るということ」を明らかにする。

暑さのなかで，われわれは暑がっている自己を了解する。青い海に抱かれ，われわれは伸びやかな自己を了解する。さらに，その独特な景観のなかで，われわれはその景観を生みだした独特な歴史に参入している自分を了解する。われわれは，ある気候，ある地形，ある景観にさらされつつ，その内に包まれて在り，それによって自己の存在を了解する。

そして，人間は自己の了解に応じて風土に働きかける。だから，風土は人間の自己了解の蓄積そのものになる。こうして風土は，人間の自己了解の歴史を反映する。だからこそ，われわれは，景観のなかに人間の世界観と，それに裏づけられた歴史を見ることができるのである。しかし，ただ漫然と土地を眺めるだけでは，その土地に生きる人々の自己了解の歴史としての風土は見えてこない。

では，自己了解の歴史としての風土は，何によって明らかになるか？それを明らかにするのが祭りである。祭りにおいて，山や海から神が迎えられ，もてなされ，送られる。山や海の神に祈りが捧げられ，五穀豊穣が願われ，収穫や獲物の恵みが感謝される。人々は神から恵みをいただく行為（農作業や漁業など）を再現することで，土地に根差した日々の営みの根源的な聖性を確認する。そして，そのような聖性の認識によって，人間として生きるための活動に深い意味があるのを悟る。こうして歴史に根拠づけられたものとしての自己の了解がなされるとき，世界が風土になるのである。

本章では，日本人の「原〈あの世〉観」をも反映する沖縄の代表的な祭りを取り上げ，そこで，どのような象徴操作によって，どのように聖なる世界が構成されるのかを考察するとともに，前章で取り上げた那智の火祭とウンガミを比較しながら，祭りと風土がどのように関係するか，そして，風土はどのように創造されるか，考えてみたい。

2.　海と山の祭り ── ウンガミ

比嘉政夫（1986, p.146）によれば，ウンガミは，「沖縄本島の北部から中部にかけて分布している民俗行事」であり，毎年旧暦七月に行われる[(3)]。ウンガミは「海神の意」とされ，儀礼の内容は地域によってさまざまであるが，比嘉に倣って主な内容をまとめると以下のようになる。

1) 祭りの前，村落の女性神役＝神女（カミンチュ）たちが，村の根屋[(4)]やアシャギ[(5)]などに籠って祈願をする。ちなみに，神女とは，村の公的な宗教行事に関わるノロ[(6)]・根神[(7)]，それらに奉仕する女性たちの総称であり（高橋，1998, p.164），彼女たちは村の神に奉仕するものとして，生涯その役割を担う。2) 祭りの当日，ニライ・カナイの神を迎える儀礼が行われる。

3) アシャギで神女たちが祈願した後，神女たちと神女の出身血族の人々とが酒杯をかわす儀礼が行われる。4) アシャギの前で神女と神々との交遊＝カミアシビ（神遊び）が行われる。クェーナやウムイ[(8)]を歌いながら踊ったり，船を漕ぐ真似や猪を射る真似をしたり，蜜柑や餅を撒いたりする儀礼がなされる。5) 神を再びニライ・カナイへ送る儀礼がある。

以上からわかるように，ウンガミの基本テーマは，「ニライ・カナイから幸福や豊饒（ユガフー[(9)]）をもたらす神を迎え，つぎの年の豊かな作物の実りを予祝」（比嘉，1986，pp.146-147）することである。

筆者はこれまで，1998年，1999年，2003年の3度にわたり，ウンガミの参与観察を行った。1998年には，沖縄県国頭郡大宜味村根路銘のウンガミの参与観察を行った（青木，2006；橋本，2006)。また，1999年には，ある特別な事情のため同村のウンガミとは別日になされた神女の御願[(10)]に参加し，海神を迎える儀式を行った（青木，2006)。そして，2003年には，沖縄県国頭郡大宜味村で行われる塩屋湾のウンガミの参与観察を行った（橋本，2005)。本章で取り上げるのは，2003年に行われた塩屋湾のウンガミである。

塩屋･屋古･田港は，塩屋湾沿岸に点在する3つの村である[(11)]。塩屋は，東シナ海と塩屋湾の境に位置しており，湾の一番奥に田港，田港と塩屋のちょうど真ん中に屋古がある。塩屋は外洋である東シナ海に面しているので，視界が広く開放的な雰囲気である。屋古と田港は，湾の奥に位置しているため，湾を取り囲む深い山に奥まるように存在し，そこからは湖のような湾が見える。塩屋がいかにも海沿いの村という感じがするのと対照的に，屋古と田港はどこか山沿いの村という感じがする。以下，祭りの過程を筆者の参与観察を踏まえて説明しながら，そこでの象徴操作について考察する。

ウンガミは，湾の一番奥に位置する田港から始まる。午前11時頃，田港の裏手にある山の中腹のアシャギに各村の神女が集まる。彼女たちがアシャギに座り，神衣装を着（衣装は芭蕉布を織った茶色のものであり，神女はそれを着て頭に白い鉢巻を巻く），御供をし，ウタキのある山に向かって祈ると，その場に神聖な空気が流れる。すると，その場は聖なる場に変容し，山が威厳に満ちたものに見えてくる。そして，何人かの村の代表者たちがアシャギに入り，神女に祈り，神女と御神酒を酌み交わす。この場面において，神女は人に祈られるものであり，それゆえ，神女そのものが聖なるものになる。

ここでは，御供を捧げることで，御供は神聖な神からの贈り物に変容し，山もまた神の顕現となる。つまり，この場面は「神／御供／神女／人」「神／山／神女／人」によって構成されている。ただし，ここで興味深いのは，村の代表者が神女に祈ることである。つまり，この場面は「神／神女／村の代表／人」によって構成されている。ここで神女は，神聖なものとして扱われるわけであるが，前述したように，神女は村の神に奉仕する役目を担うためにみずから人生を捧げるものであり，その意味で彼女たちは神への捧げものであり，それゆえ神の顕現となり，神に近いものになるのである。こうして神女は神の霊力を身に着けたものになり，村の豊作や村人の安全を授けるものになる。

それから神女は，田港から屋古に移動する。屋古では，集落の奥にあるアシャギの広場に太い柱が立てられ，それを中心にクムーと呼ばれる藁で作った蜘蛛の巣状の日よけが張られる。また，その下には芭蕉の葉が敷かれる。神女たちはアシャギの前に座ると白い神衣装に着替え，ウタキのある山に祈り，村人たちは再び神女と杯を交わす。

そして，しばらくすると，数人の神女がカミアシビを始める。それは，弓を上下に動かしながら，クムーの中心にある柱を回る行為である。柱を回りながら，神女は太鼓の音に合わせ，のんびりとした声で「ヨンコイ，ヨンコイ」と唱える。周回は，はじめ鮮やかな色の衣装で行われた後，白い神衣装で再び行われる（口絵3）。その様子は船を漕ぐ仕草であるとも，猪を追い込む姿であるとも言われる（宮城，1986）。いずれにせよ，それは村に幸をもたらす神の霊力を招くための儀礼のようであり，リズミカルに繰り返されるヨンコイの唱和はどこかシャーマンの儀礼のような響きを帯びている。実際，屋古アシャギでは，神女はウタキの神に霊力が強くなるよう祈る（宮城，1986；中鉢，1997）。平野（1987）は，2回目の周回で白い神衣装に変化するのは，神が憑依したことの象徴ではないかと指摘している。ともかく，この周回の儀礼はどこか神秘的であり，それによってアシャギを囲む山々が神の宿る聖なる場として鮮明に浮かび上がる。

このカミアシビの場面は，「神／カミアシビ／神女／人」で構成されている。神女がカミアシビを捧げることで，そこに聖なるものが顕現するが，それは神女がみずからを身体ごと神に捧げることであるから，神女そのものが聖なるものの顕現となる。つまり，ここでも神女は非常に神に近い存在となっており，そのような象徴的な位置が，平野（1987）による「神の憑依」といった解釈を可能にすると考えられる。その意味で，この場面は，まさに神が村に招かれ，遊んでいる場面であるといえる。そして，こうして神となった神女がカミアシビをするとき，舟を漕ぐとか，猪を追い込むといった行為そのものが，神の楽しむ行為，その意味で神に祝福された聖なる行為となる。

那智の火祭においても，田楽・御田植式・御田刈式において，田植という行為が神に祝福された行為になるという契機が見られた。しかし，那智の火祭では，舞人が神になることはなかった。しかし，ウンガミでは，神女が神になり，人と交わり遊ぶという契機が見られる。このような神と人との近さは，ウンガミの特徴であると考えられる。

こうして神女は神の霊力を身に帯びる。そして最後に，彼女たちは籠に乗って塩屋に移動する。同時に，屋古の港から塩屋の港までハーリー競争が行われる。ハーリー競争とは，集落ごとに数十人の男たちが乗った漕ぎ船（ハーリー）で競争を行う儀式である。

塩屋には，各集落の村人，見物人が大勢集まり，ハーリーが湾の奥から現れるのを待つ。村人たちは，自分の集落が一番にやってくることを願う。威勢良く一番にやってくる船こそ，その年の恵みを運んでくるからである。それゆえ，各集落の婦人たちは，藁鉢巻姿で腰まで海につかり，太鼓を打ち鳴らし，大声を出して励まし，船を手招きする。船はその大声援に包まれつつ，勢いよく港にやってくる。湾の向こうから小さな船が現れたかと思うと，それがどんどん近づいてきて，勢いよく水しぶきを上げる姿は勇ましい（口絵４を参照)。それはまるで大漁の船が地平線から帰ってくるようであり，また，晴れやかな様子でたくさんの幸をもたらしてくれる海神の姿のようでもあった。男たちは，大勢の婦人に迎えられ，それぞれ誇り高く櫂をかかげる。数十本の櫂が海の上にそそり立つ様子は圧巻である。そこには，荒々しい自然のなかで力を合わせて逞しく生きる男と女の姿がある。

ハーリー船が塩屋に到着する頃，歓喜と喧噪に満ちあふれるなか，籠に乗った神女が到着する。船に乗った男たちも，それを迎えた女たちも，そして見物人も，みな敬虔な気持ちで神女を迎え，それを拝む。そこには神の到来を喜び，かつ敬う人々の姿がある。いまや先祖霊の宿るウタキから招かれた神は，男たちの漕ぐ船に乗ってやってきた（実際，以前は神女がハーリー船に乗っていた)。そして，そこから見える塩屋湾の姿は，祭りの前とはうってかわり，清らかで聖なる世界になる。

この場面は，「神／海＋船＋男女／神女／人」で構成されている。海と船と男女，すなわち世界は，カミンチュの祈りを通して神に捧げられ，そうして世界は神の顕現となり，また世界の中の人間の営み，すなわち，漁をする男と，それを待ち，村を支える女に象徴される人間の労働も，神に祝福された聖なる行為になる。

この後，神女たちは外洋に開けた塩屋の海岸に赴き，海へ向かって祈る。また，その後には，村の男性が海を銛で突き，イルカを捕る行為が演じられる。この場面は，「神／海＋漁／カミンチュ／人」で構成され，海と漁がカミンチュの祈りを通して神に捧げられ，そうして海は神の顕現となり，海でなされる漁という労働も神に祝福された聖なる行為になり，すべてが神からの贈与になるのである。

3. 風土を創造する祭り

以上からわかるように，ウンガミにおいても，那智の火祭同様，象徴を用いて，人にとって大切なもの——海と山，そして，そこにおける人の営みと恵み——を神に捧げ，それによって神からそれを与えられる，ということが行われている。

しかし，ウンガミには，神女が神に近い存在として，あたかも神そのもののように扱われるという特徴があった。この特徴は，那智の火祭には見られないものであった。これに関連して，神の観念にも違いが見られる。すなわち，ウンガミでは，神は，神女を通して村に来訪し，人と交わり，共に遊び，共に喜ぶ。また，中鉢（1997）によれば，ウンガミの最後では，神が名残惜し気に村から去っていき，それを人々が見送る。この場合，神はニライ・カナイへ去っていくわけだが，その神が名残惜し気に去るということは，神もまた村の世界を愛おしく思っているということであるから，村は神に愛される世界になる。しかも，ニライ・カナイは，沖縄の人々にとって先祖霊がいるところでもあり，それゆえ，そこはいずれ自分の行くところでもあるから，ニライ・カナイの神の思いは，人々にとって非常になじみ深いものである。このようにウンガミを通して，人々は，神が村を見るような慈悲深い目で，自分の村の世界を見るのである。

他方，那智の火祭の神は，そのような仕方で人と交わることはなく，太陽によって象徴されることに示されているように天空に存在する超越神の性質を帯びており，そのようなものとして森羅万象を創造する。したがって，そこで顕現する聖なる世界は垂直的な世界である。しかし，ウンガミに顕現する聖なる世界は，海の彼方から村を包み込む水平的な世界であり，それゆえ神は，人と交流する情け深い神として森羅万象を生み出す。

以上のような差異は，祭りの他の局面にも見られる。例えば，那智の火祭りでは，田楽・御田植式・御田刈式に見られるように，農耕儀礼と関連が強い。一方ウンガミでは，カミアシビに見られるように，漁労や狩猟と関連が強い。前者と後者を比較すると，前者が自然をコントロールする性質があるのに対し，後者は自然と共存しながら恵みをいただくという性質がある。

ウンガミと那智の火祭りを比較すると，このようにいろいろな違いがあるが，大切なのは，両者の違いや優劣を論じることではなく，祭りが，その土地で生きる人々の生の歴史＝風土を反映している，という点を認識することである。祭りの象徴が聖なる世界を創造するのは，その土地に生きる人々が，その土地に生きてきた先祖の生き方を引き受け，それを引き継ぎつつ未来の世界を構想する，そのイメージを反映するからである。風土というものは，そのように，その土地に根差して生きようとする共同体の人々の実存によって作られるのである。

以上からわかるように，祭りは，その土地の歴史を含めた風土を明らかにするとともに，未来へ向かって風土を創造する[12]。そこには，気候，気象，地質，地味，地形といった自然を単に受動的に受け取るのではなく，自然の働きを神の働きとして受け取りつつ，それに積極的に関わっていこうとする共同体の意志がある。このような意志があるからこそ，風土が創造されるのである。

祭りは，われわれが，土地に根差した過去を引き受けつつ，新しい世界を構想する主体であることを自覚させてくれる。祭りにおいて，人々は，象徴を用いて自然を意味に満ちた想像的な時空間に変容させ，聖なる歴史のなかに出で立つ。こうして，自身の日々の活動を聖なる歴史のなかに位置づけ，歴史の一員としての自己を了解し，風土に開かれつつ風土を創造するのである。

このような創造的な運動の根底には，土地に根差して生きる人間の意志がある。一方，現代社会は，土地に根差して生きるより，快適さを求めて移動することを良しとし，土地の恵みを感謝して受け取るより，欲しいものを世界中からかき集めることを良しとする。そのような世界を生きる現代人にとって，風土を創造するということは可能なのか否か。もし可能だとすれば，それはどのようにして可能なのか。われわれ現代人は，そのような大きな問題の前に立たされているのかもしれない。

〉〉注記

(1) 本節最初の3段落は，橋本（2021）に掲載された文章の一部を修正したものである。

(2) 本節の以下の記述は，橋本（2005）に掲載された文章の一部を加筆・修正したものである。

(3) 本節最初の4段落および注は，橋本（2021）に掲載された文章の一部を修正したものである。

(4) ニーヤー。村落の創始者の家で，村の祭祀を中心になって行うところ。(高橋，1998，p.69)
(5) カミアシャギ。村落の神祭りを行う建物。(高橋，1998，p.70)
(6) 祝女。いくつかの村落をあわせた範囲の祭祀で，中心的な役を果たす神女。琉球王府時代は，大あむしられの管轄下にあり，土地や舎宅があてがわれた女神官だった。(高橋，1998，p.165)
(7) ニガミ。村落の祭祀の場で中心となって祈願する神女。村の創始者の家から出る。(高橋，1998，p.165)
(8) どちらも村落の繁栄や願う神歌だが，後者の方が形式・内容的に広がりがあり，それを琉球王府が整理したものがオモロと考えられている。(外間，1998，pp.14-16)
(9) ユガフともいう。世果報とも書く。豊作の意。
(10) ウグヮン。祈願。神仏に願をかけること。(高橋，1998，p.196)
(11) 本節の以下の記述は，橋本 (2005) に掲載された文章の一部を加筆・修正したものである。
(12) 以下の記述は，橋本 (2005) に掲載された文章の一部を加筆・修正したものである。

引用文献

青木真理．カミゴトの関与観察．青木真理（編）．風土臨床．コスモス・ライブラリー，7-78，2006.

橋本朋広．祭りにおける風土の創造．京都ノートルダム女子大学研究紀要，35，165-175，2005.

橋本朋広．からだと風土．青木真理（編）．風土臨床．コスモス・ライブラリー，130-157，2006.

橋本朋広．救済の構造．立命館文學，670，502-513，2021.

比嘉政夫．沖縄の伝統的な祭祀ウンガミとシヌグ．塩屋ウンガミ刊行委員会（編）．塩屋・ウンガミ ――沖縄県大宜味村塩屋ウンガミの記録．塩屋ウンガミ刊行委員会，145-147，1986.

平野祐二．塩屋のウンジャミ．高阪薫（編）．沖縄の祭祀．三弥井書店，344-358，1987．

外間守善．おもろそうし．岩波書店，1998．

宮城竹秀．塩屋のウンガミ（海神祭）．塩屋ウンガミ刊行委員会（編）．塩屋・ウンガミ──沖縄県大宜味村塩屋ウンガミの記録．塩屋ウンガミ刊行委員会，148-157，1986．

中鉢良護．大宜味村塩屋・田港・屋古のウンガミ神歌．名護市史編さん室（編）．やんばるの祭りと神歌．名護市教育委員会，326-343，1997．

仲松弥秀．神と村．梟社，1990．

高橋恵子．沖縄の御願ことば辞典．ボーダーインク，1998．

梅原猛．日本人の「あの世」観．中公文庫，1993．

和辻哲郎．風土．岩波文庫，1979．

8　自然と人 1

佐藤仁美

《学習のポイント》 グアテマラ・マヤを中心に，人のこころに通底するであろう自然のイメージを，人による創作物を題材に，織の仕組みや幾何学模様などに焦点を当てて探究していく。

《キーワード》 染織，経糸，緯糸，幾何学模様

1. 一針に込められた思い

日露戦争の頃より，千個の結び目を作った布を弾丸よけのお守りとし，出陣する兵士に持たせる祈念が日本各地で行われていた。このお守りは，「千人結び」や「千人力」などと呼ばれていたという。「千人力」は，千人の男性が「力」の字を寄せ書きする類似の祈願を指す言葉でもあった（大江，1981）。その後，「千人針」と呼ばれるようになり，第二次世界大戦まで日本で盛んに行われた。千人針は，多くの女性が1 m^{2}ほどの1枚の白い布に赤い糸を縫いつけて結び目を作る祈念の手法，およびでき上がったお守りのことで，「武運長久」，つまり兵士の戦場での幸運を祈る民間信仰であった。千人の女性に一人一針ずつ縫ってもらうことを目標に，1枚の布を縫い進めるこの活動は，近隣や街頭で声を掛け合うことも多く見られたという。特例として，寅年生まれの女性は自分の年齢だけ結び目を作ることができたり，虎の絵を刺繍で描いたりしたが，これは虎が「千里を行き，千里を帰る」との故事にあやかり，兵士の生還を祈るものであった。また，穴のあいていない五銭硬貨や十銭硬貨を縫い込むことも行われていたが，「五銭」は「死線（四銭）」を越え，「十銭」は「苦戦（九銭）」を越えることに由来した無事を願う語呂合わせでもあった（日本風俗史事典，1979）。当時，家族の出征の無事帰還を口にすることが禁じられたゆえの庶民のささやかな気持ちの現れでもあり，千人針は全国で盛んに縫われた。出征する兵士は，千人針を

銃弾よけのお守りとして腹に巻いたり，帽子に縫いつけるなど，肌身離さず戦地に赴いた。これらの行為は，ある種無言の表現，声なき声でもあり，その思いは送り手から受け取り手へと運ばれ，おそらく目に見えぬイメージの対話がなされ，イメージの力を信じていた証とも考えられよう。

「千人針」のように，一針に込めた女性たちの思いが１枚の布に集約されることは，テキスタイルにさまざまな形で表現されている。

2. 染織に込められた思い　志村ふくみ

染織家：志村ふくみ（1924-）は，人生を経糸（たていと）と緯糸（よこいと）と表現する。「経糸は運命。緯糸は生き方。これは，作り手がいつも心に留めている言葉です。あらかじめ並べられる経糸に，一本一本緯糸を入れて織りあげる。空間に時間を織り込んでいくその過程は生きることそのもののように思えます」（© 2023 アトリエシムラ）。経糸と緯糸を交差させることは文様の原点であり，普遍的なものである。換言するならば，日常使用する布類の基本は，経糸と緯糸の組み合わせで成り立っている。織物では，経糸は，一度張ると織り終わるまで変えることはできないが，緯糸はその瞬間瞬間に織り込んでいくもので，常に変化させることが可能である。よって，経糸は定められた人生，緯糸は日々，時々刻々の変化を刻むそれぞれの生き方になぞらえられる。

また，志村は「染色は植物の命＝魂を糸に移す行為」であるとする。植物から糸を染めるには，精を色に移すために，花の咲く直前の枝で染めなくてはならない。それは，花を咲かせるために宿している命をいただくことであり，「どんな色が出るかわからないけれども，いただくんだと思った時に初めて，植物が秘密を打ち明け始めてくれる。植物は自分を投げ出して私たちに色を見せてくれる。植物に対する畏怖の念が大切です。自然との沈黙の対話が必要なのです」と表している。志村は，古代の染師に語り継がれていた「染色の口伝」を取り上げる。

> 草木は人間と同じく自然より創り出された生物である。染料となる草木は自分の命を人間のために捧げ，色彩となって人間を悪霊より守ってくれるのだから，愛（なさけ）をもって取扱い，感謝と木霊への祈りをもって染の業に専念すること。
>
> （前田雨城『日本の古代の色彩と染』より）

植物にも，薬草になる和魂（にぎみたま）と，毒性の高い荒魂（あらみたま）があり，和魂の植物で染色された衣を纏うことで，身体によい作用が与えられ，また，厄を祓う作用もあったとされる。志村は「“纏う”というのは魂を纏う，ということではないでしょうか？　そういう意味でやっぱり女性は纏って，子供を抱いて，全てを包み込む，“抱く”“包み込む”ということが多い」と指摘する。

さらに，志村は「世界を繋いで，未来を紡ぐ」と表す。糸紡ぎにも，心が乱れると糸の太さが変化し，その時々の感情がそのまま糸に紡がれていき，瞬間瞬間の思いが糸に宿っていく。染の工程で，植物の命が転写され，経糸と緯糸になって，交差し合って一枚の布が織られていく。これは，人と人との交わりによって，関係性が生まれていくことになぞられる。1枚の布には，その人の人生が織り込まれ，世界が誕生する。織は，母から子へと受け継がれ，個から世界へと繋がっていく。染織という世界の中に，人と自然が世界を享受し，また，その世界観が生まれていく。キーワードは「紡ぐ」「繋ぐ」であろう。

3. テキスタイルに込められた思い　グアテマラ・マヤ

図8－1　母から娘へ

図8－2　編ポーチ

グアテマラ・マヤの先住民族も，古来，母から子へと染織が受け継がれている。筆者が科目制作（総合科目『色と形を探究する(17)』）でグアテマラを訪れ，現地の織り手たちに取材させていただいたのだが，道沿いの家の軒先では，母から娘へ，祖母から孫娘へと機織りが継承されていた（図8－1）。

グアテマラの女性たちの織物は，後帯機（こうたいばた）(Backstrap loom）によりなされる。樹木やドアノブなど，織機をしっかり固定できる場所があればどこでも紐で縛って固定するタイプの織機である（図8－1／章扉：後帯機での織り手の木彫り）。日本でも同型の織機は古来存在し，「じばた」「こしばた」「いざりばた」とも呼ばれていた。北海道から沖縄まで，各地に存在する。

現代では，編み物男子が世界的に広がっているが，グアテマラでは，古来，一部に男性による織や編み物も存在する。女性の腰巻きスカート（コルテ）の生地は，絣織りなどの技法を用いて足踏織機・高機（たかはた）（floor loom）で織られるが，これは，男性の仕事とされ，屋内の工房にて行われていることが多い。さらに，いくつかの山間部では，男性だけが編み物をする地域もある。男性に編まれた製品は，綿糸で目の詰まった重厚なものが多い（図8－2）。

後帯機は経糸の張り具合を，座る織り手の体を前後させたり上体を寝かせたりする体重移動で自在に調節できる。自身の体の動きで織の様相にダイレクトに表れるもので，とても身体的で，織り手のコンディションも大きく影響する。先に，志村が人生そのものと表現したものを体現化した究極の形であろう。後帯機は，巻物のようにぐるっと巻いて持ち運び可能のためとても便利で，柱があればどこでも織ることができ，織一式を持って移動できるため，グアテマラの女性たちの日常の一部となっている。現地の織り手に１枚の布を完成させるまでの時間を尋ねると，数か月から半年との答えが返ってきた。巧みに織り込む模様に関しては，一切テキストというものはなく，誰もが「すべて頭の中にある」と答える。すべてが，身をもって継承されている証であろう。緻密に織り込まれていく模様は，数学的であり，宇宙的であり，筆者からすると，理系脳ではなかろうかと思えてしまう。古代マヤでは，天文学も測量も，現代に負けないくらいの技術を持ちえていたと言われているが，織物にそれが集約されているように感じられ，現在，１枚の布にその世界観が集約され，時空を超えて伝えられているように思われる。

織に関しては，その起源として，マヤの月の女神イクシェル（Ix Chel）が娘たちに機を渡し，一緒に服を作りながら教えたという伝説がある。そこに織り込まれたり刺繍された神聖なシンボルについての意味についても教えたと言われている。グアテマラの誰もが「世界一美しい湖」というアティトラン湖ほとりに位置するサンティアゴ・アティトランの教会には，マヤの織の女神イクシェル像が祭られている（図８-３）。

イクシェルは，マヤ神話によると，洪水･虹･出産等を司る女神であり，「虹の婦人」「月の女神」と呼ばれる他，『ドレスデン絵文書』などに登場するチャック･チェル（Chac Chel）がその異名であるとされ，「水（雨）の婦人」とも呼ばれている。産みの女神としての肯定的象徴のみならず，

図8－3　織の女神像　　図8－4　チャック・チェル

人間に対する破壊神としての面も持つといわれている。イクシェルが怒ると，天の水瓶を用いて地上に大雨を降らせ，「空の虹」に助力して洪水を引き起こす。『ドレスデン絵文書』などには，頭に蛇を置き，交叉した骨が刺繍されているスカートをはき，逆さにした甕を持つ老婆姿で表されており（図8-4），「怒れる老女」とも呼ばれている。この女神の心を鎮めるためには，常に生け贄を捧げなければならず，マヤ暦での第3の月シップ（シプ／Sip）に，イクシェルの祭が行われたと言われている。

サンティアゴ・アティトランの織物には，その地の美しい鳥をはじめさまざまな自然の風景が刺繍されている。

4．染織の世界　幾何学模様に潜むもの

第2章で取り上げた洞窟壁画にも幾何学模様が見られるが，織物にも

顕著に表現される。筆記具で自由に描けるものに比べ，織物は，基本，経糸と緯糸により形成されるものであるため，滑らかな曲線表現は難しく，幾何学的模様の表現を得意とする。グアテマラの織り手に模様の意味を尋ねると，同じ織り手・同じ織物でも，日によって回答が異なることも少なくない。緯糸と日々の関係のように，日々イメージもさまざまな条件で変化しているのかもしれない。我々のこころ模様もちょっとしたことで変化するように，布に込められた思いが変化し続けることもわからないでもない。志村の言「経糸は運命。緯糸は生き方」ともリンクする。本節では，模様に込めたイメージを若干紹介する。

グアテマラの織物などでよく見られる形にジグザグ模様（図8－5）がある。織り手にジグザグ模様の意味を尋ねると,「道」「丘」「山」「山脈」「稲妻」「蛇」「虹」などの答えが返ってくる。最も大切とされる形はジグザグではなかろうか。地域によって，形・色・大きさ・くねり具合は異なれども，何らかの形で多くの布に表現されており，親しみ深くなじみがあり，大切にされているものであることがうかがえる。Barbara（2007）の『Sown Symbols』にもジグザグ模様の織サンプルとして，サカテペケスのウィピール（女性用ブラウス）や上着に表現されたいばら（thorns）・ウィピールの蛇（serpent），チマルテナンゴのウィピールや上着に装飾された蛇（decorated serpent），同じくチマルテナンゴのウィピールと上着に施された蛇・丘（hills）・女性の浮き沈み（woman's ups and down），サカテペケスの上着の蛇などが紹介されている。多くの地域で「ジグザグは蛇」と言われているが，マヤでの蛇の象徴的意味は「保護」と言われている。マヤの女性たちには，自然現象として嵐の雲の間に現れた光線の形が蛇のように見え，「つながっている山々」と意味づけ，それらから純粋な空気が生成され，病気から守られているということで「保護」を意味しているという。先住民は嵐を落ち着かせる儀式を行う際に，家の四隅の方角に香を置いていたようだが，その四方が織の四方と関連づけられ，例えば，四方耳などにより邪気が入ってこないようにという言い伝えもあるようだ。四方耳とは「最初から完成品の寸法に織られ，両サイドのみならず天地の端も耳になっている」布である（ヘクト，2003)。

「稲妻」には「回復」の意があり，女性の病気，そして病気を治すのに使われた神聖な道具の一つを表している。「丘」には物理的・地理的なアップダウンの形状があるばかりでなく，女性の生のアップダウンも込められた「道」にも関連ある意とのことである。

「虹」にはさまざまな意味が含まれおり，「アーチ」「橋渡し」など，形状からの物理的意味に隠された奥深い意味もあるようだ。

ジグザグの表現された向きによっても意味は異なる。「垂直なジグザクは稲妻をあらわすとみられ」，「“神官が神殿に登るためにたどる曲がりくねった急な階段”なのかもしれない。水平Ｓ字形は，双頭の蛇に見立てられる」（ヘクト，2003)。それを裏づけるかのようなアティトラン湖沿いの柵には，蛇をかたどったものがある（図8-6)。

ジグザグという形一つとっても多様な表現があり，そのバリエーションは地域性や個々人によるところが大きく，イメージされるものや込められた思い・意味に多層性があることが感じられよう。

図8-5　さまざまなジグザグ表現

図8-6　アティトラン湖畔の柵

織で比較的表現しやすい「菱形」という形にもバリエーションがあり，マヤの人々にとって「目」「心」「神の目」「神の心」「タマル（トウモロコシの蒸し焼き）の入った皿」などの意味があるようだ。菱形や正方形の形を「十字（マヤ十字)」と呼ぶ織り手もいる。マヤ十字は，グアテマラ先住民にとってソウル（そのもの）でもあり，象徴的に織り込まれることが多い。菱形や正方形の対角を結ぶと，そこに十字が現れる。四角は十字を包括する大切な形となる。また，十字は四方（東西南北）を意味するものでもある。

ウィピールの構造自体，脇を縫い合わせる前に広げると，首周りを中心として，十文字になる。ウィピールを纏うということは，マヤ十字を纏うということであり，神に仕えるものであれば，纏うことで神が宿ると信じられてもいる。ウィピールは，儀式用やシャーマンが身に着けるものは左右対称であるが，一般には，左右対称にしない風習がある（図8-7)。マヤの人々は，「『完全なものは神のみがなし得ることなのだ』という考えを持ち，織物には左右対称に作ることをせず，必ず文様を不揃いにしたり，連続文様には突然向きを変えたり色を変えたりして，完全な形から遠ざけている」(赤池，1990)。

後帯機でのみ織ることができる四方耳は，整経時，織り始めから織り終わりまで全工程を通して経糸が輪になっているもので，織り始めの端の輪の部分まで緯糸を入れ，織り終り側と位置を逆転して，同じように緯糸を入れ，その間を埋めていくように織る。経糸を切ることなく，すべて織り込まれるという特徴がある。織機に経糸を張る整経時より経糸の長さは決められ，織り途上で切ることがない仕組みである。ループになった経糸に緯糸を通していく方法で，バランスよく目を紡いでいく必要があるため，身体的で，バランス感覚が問われるようだ。複数の経糸という線から，緯糸をかけることにより，面となる過程，そして，経糸

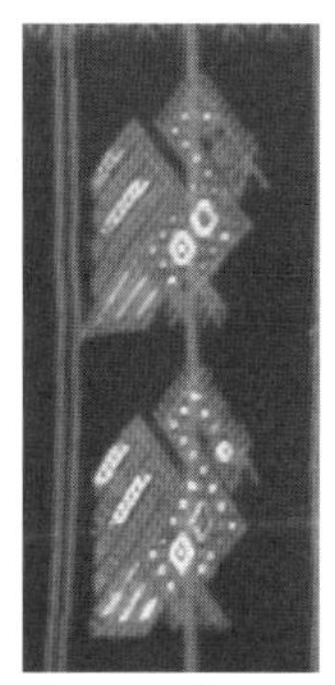

図８-７　左右非対称のウィピール（女性のブラウス）
一見不格好に見えるが，神に逆らわない表れ。
左右の模様の大きさが微妙に異なっていたり，寸法自体が異なる。形も模様もシンメトリーの衣装は，神のみが身に着けられる風習が現代も息づいている。
右は菱形を用いた鳥の図柄の拡大。

は切られずに完成を迎える仕組みには，循環という言葉がふさわしく，一つの世界観として特別な空間が生まれる。二次元にして，立体的な保護空間が生まれる織には，子を包み込む母の愛が込められ，継承していくことができるのであろう。視覚的に表れる色とりどりの色彩とその組み合わせは，縦と横の交わりから生まれ，その糸は存立しながら，糸と糸との交わりから色合いが生まれ，さまざまな関係が構築される。糸はひとり一人であり，織は，関わりや関係づくりと言えるであろう。織り手によって心を込めて織られた一枚の布は，単なる「もの」ではなく，私たちに人としての生き方や心というものを伝えてくれるだろう。

参考文献

赤池照子．メキシコ・グァテマラ国の衣服文化の研究（第 4 報）：グァテマラの民族衣裳における文様と色彩．東京家政大学研究紀要 2．自然科学 30．87-94，1990.

アトリエシムラ HP
https://www.atelier-shimura.jp/blogs/column/　20230123access

Barbara Knoke de Arathoon. Sown Symbols. Ixchel Museum of Indigenous Dress. 2007.

ヘクト . A．近藤修訳．グアテマラの織．デザインエクスチェンジ，2003.

加藤隆浩 著．「イシュチェル」．松村一男他 編．『神の文化史事典』．白水社，83-84，2013.

前田雨情．『日本古代の色彩と染』．河出書房新社，1981.

大江志乃夫．『徴兵制』．岩波書店〈岩波新書〉，1981.

日本風俗史学会編．日本風俗史事典．弘文堂，1979.

9　自然と人 2

佐藤仁美

世界樹ユグドラシル

(Prose Edda from 1847, by Oluf Olufsen Bagge)

《学習のポイント》 自然という環境，その地に息づく文化的な背景と，一個人の人生との関わりに焦点を当てて追究していく。ノルウェーの画家ムンクの創作イメージの源泉について，いくつかの土地と作品を取り上げながら論考を試みる。

《キーワード》 ムンク.E，クリスチャニア（オスロ）・オースゴールストラン，クラーゲリョ，北欧神話

1. ムンクの告白

すべての作品は，滔々（とうとう）とした告白の断片である。ムンクが「魂の日記」を描く畢生（ひっせい）の事業に着手したのは二十八歳の年，日記は人生で遭遇するすべての事柄に自分がどう対応したかを語りつくす物語になるだろう。ムンクは，物語に古典的な調和を与えようと考えた。自らの心の裡をみつめることによって，人生体験という儚くもあれば特殊な実験から，永遠の真実を伝える映像を描くことを目指した。

スー・プリドー『ムンク伝』まえがきより　木下哲夫訳

ノルウェーの画家エドヴァルド・ムンク（Edvard Munch, 1863-1944）は，自作品を「『日記のページのように』ひとつに綴り合わせることができると力説し」，「作品全体を自身の影，終わりのない進行形の告白，生理的な成長に寄り添う芸術的成果にしようと目論んだ」（プリドー，2005／2007）。書くこと（ことば）と描くこと（絵）は，ムンクの内なる吐露，秘密の告白であり，絵とことばを綴り続けることで，エドヴァルド・ムンクを生き抜いた証を残したのであろう。大切な作品は「私の子どもたち」と称し，晩年はその子どもたちに囲まれて人生の幕を閉じた。ムンクの壮絶な人生の背景には，家族史をベースに，多くの対人関

係，時代背景が影響していたが，転居の多い幼少期から，成人してからもヨーロッパ各地を巡りつつ，北欧に安住の地を確信する人生であったと考えられる。描く過程では，目前にした風景，自身の身体の置かれた地から想起されるモチーフが画家を揺り動かし，描かずにはいられない衝動があったようだ。地に依拠すると感じられる作風が多く存在することから，本科目では，ムンクが身をゆだねた場をキーワードとし，スー・プリドー『ムンク伝』(2007) をもとに，土地との関係から読み解いていく。

ムンクは，厳格で神経質な父親クリスティアンと年の離れた若くて優しい母ラウラの間に 1863 年に生まれた。1944 年に 80 歳でこの世を去るまで，その人生の大半を，「愛」「死」「不安」「病」に苛まれながら，そのテーマを描き続けることで自己を保ちつつ生き抜いた。5 歳のときに最愛の母，14 歳のときに母親代わりであった姉ソフィエを，両者ともに肺結核で亡くし，ムンク自身も虚弱で内省的・孤独・神経過敏な性格から死を身近に感じていた。26 歳で父親を亡くし，その死に目に会うこともできず，父を克服できずに過ごす。32 歳のときに弟アンドレアスも亡くし，2 人の妹のうちの 1 人ラウラは統合失調症を患う。幼い頃から続く身近な存在との死別体験，病に取り憑かれたかのような死の天使から逃れようとアルコールでごまかし，その結果，アルコール性の妄想・肢体の痙攣などに襲われ苦しむ 30 ～ 40 代があった。

ムンクが精神症状を顕著に来した 1900 年初頭は，芸術療法としての発芽をやっと感じられる時代であった。ムンクは，アルコール中毒の治療に長け，芸術を通して患者を理解する一医師に出会い，そして，もう一人の医師に療養環境を与えられる（デンマーク・ヤコブセン療養所）。もしも理解のない医師に妹ラウラと同じ統合失調症を診断され，精神科施設に収容されていたならば，彼は絵筆も取り上げられ，薬漬けとなり，

1908年以降35年間の制作活動は奪われていたかもしれない。ムンクは，規則正しい生活，少々の電気治療を行う8か月間の精神治療のための療養所入院生活の中で，「記憶のあるかぎり，わたしは深い不安に悩まされつづけ，それを絵に表現しようとしてきた。この不安と病がなければ，わたしは舵のない船のようなものだったろう」と，自らの病を抱え，それと付き合いながら絵を描いて生きていくことを決意している。つまり，描画と日記などの表現を通し「自分自身に心理療法を行っていた」（徳田, 2009）のである。この決意により, 1911年作の『太陽』は生まれ，彼は夜の闇から昼間の明るい世界へと自ら這い出ることができた。

現在，ムンクの遺言により作品の多くはオスロ市に寄贈され，代表作はオスロ市ムンク美術館と国立美術館に保管・展示されている。晩年「私の子どもたち」に囲まれて過ごした野外アトリエやエーケリの住まいは，自らの心地よい安全空間を保っていたことと考えられる。また，ムンクが生涯初めて購入した我が家：オースゴールストランのムンクの家（図

図9－1　オースゴールストランのムンクの家
（筆者撮影2016年7月20日）

9-1）は，妹インゲルとその意思を受け次ぐ学芸員たちの尽力により，現在も当時のままに保たれており，ムンクがいかにその空間を大切にしていたかがうかがえる。

ムンクの行動範囲は，ノルウェーからイタリアまで，南北ヨーロッパ広範囲に及ぶ。行動範囲の広さ，頻繁な移動は，幼少期の転居環境も何らかの形で人格形成に影響していたと推測されるが，想像の域を超えない。誕生から20歳頃まではノルウェーで過ごし，その間，クリスチャニア（現オスロ）の中を家族の都合で何度も転居を繰り返している。奨学金を得てパリに出てからは，イタリアやドイツにも足を延ばして芸術なるものを吸収する。自らの作品を披露する活動の場は，パリ，ベルリン，アントワープ，コペンハーゲン，オスロをはじめ幅広い。画家人生の前半は，どの地においても評価されることはほとんどなく，少数の理解者に支えられ，ベルリンで少しずつ認められていく。19～20世紀ヨーロッパでは，自然主義・印象主義・綜合主義が盛んであり，ムンクもその影響を受けながらも，独自の技法を見出そうともがいていた。ムンクの新たな色使い，新しい構図は，当時の芸術家・芸術評論家たちには受け入れがたいものだった。小松（1976）は，ヨーロッパは「連続しているものが断ち切られて，そこに存在している。むしろ断ち切られることによって時間も空間も連続」する「境界感覚（ターミネーション）」があり，絵画芸術は瞬間をとらえた完成品として評価を得られていたと説く。ムンクの表現は，空間も時間も織り込もうとしたゆえに，当時の芸術家たちには未完成に捉えられていたようだ。

高階（1976）は，日本画の風景は「人間は本来自然のなかの一要素であるととらえている」のに対し，西洋は「人間と自然はあくまでも対立していて，自然というものは，ある人間的な物語の所割として出てくるか，あるいは画家が『おれはこういうふうに把握したんだ』という形で出てくるか，そのどちらか」であると，日本と西洋の大きな違いを指摘している。ムンクの風景表現は，自然・風景の中に人間が存立，一体化して表現されており，日本的な雰囲気もどことなく感じられる。ムンクはパリ留学中にゴッホらのジャポニズムの影響下，日本画（日本文化）にふれていたとも考えられる。

ムンクの活動の場を大きく区分するなら，誕生から20歳頃まではクリスチャニア，20～30歳代はパリ，20～40歳代はオースゴールストラン，30～40歳代はベルリン，40～50歳代前半はクラーゲリョ，50歳代～はエーケリとなる。オースゴールストランで構想を練り，各地で制作し，ベルリンで完成･発表を遂げた《生命のフリーズ》(1902) は,「愛の種子」「愛の開花と消滅」「不安」「死」の4部構成になっている（表9-1)。

表9-1 《生命のフリーズ》(1902)

構成	作品
第1部 「愛の種子」	**《浜辺のダンス》(1900頃)**，**《キス》(1892頃)**，**《声》(1893)**，《マドンナ》(1894)，**《赤と白》(1894)**，**《目の中の目》(1895頃)**
第2部 「愛の開花と消滅」	**《生命のダンス》(1899-1900)**，**《吸血鬼》(1893)**，**《スフィンクス（女三相）》(1893-95)**，**《嫉妬》(1895)**，**《灰》(1894)**，**《メランコリー》(1894-95)**
第3部 「不安」	**《赤い蔦》(1898-1900)**，《ゴルゴダ》(1900頃)，《叫び》(1893)，《不安》(1894)，《カール・ヨハン街の夕べ》(1894)
第4部 「死」	《死せる母と子》(1893)，《死の床（高熱）》(1895)，**《メタボリズム》(1898頃)**

※太字はオースゴールストランがモチーフ

「愛の種子」から《浜辺のダンス》《キス》《声》《赤と白》《目の中の目》,「愛の開花と消滅」から《生命のダンス》《吸血鬼》《スフィンクス(女三相)》《嫉妬》《灰》,《メランコリー》,「不安」から《赤い蔦》,「死」より《メタボリズム》は，すべてオースゴールストランの風景が描かれている。《生命のフリーズ》の大半がオースゴールストランをベースに展開されており，この地がムンクにとっていかに大きな存在であったかがうかがわれる。

「不安」から《叫び》《不安》《カール・ヨハン街の夕べ》,「死」より《死せる母と子》《死の床（高熱)》はいずれもクリスチャニアが舞台となっており，母と姉の死が《死の床》《死せる母と子》にダイレクトに表現され，ムンクの根底ともなる生と死が通底している。

これらのモチーフには，家族と友人，恋人が登場し，ムンクの心の揺れ動きが手に取るように感じられる。プリドー（2005）によると,「死の床を描いた作品では，奇妙なことに時間と空間の境界が判然としない。家族の面々は遠い過去に死の床を囲んだ時期の年齢で描かれている。これだけはまだまともすぎると言わんばかりに，母親が死の世界から呼び戻され，死に往く者の枕頭に立つ。ムンク自身が死と闘っているときにはとくにこれが顕著に表れる。同様に，はるか後年の作では，亡くなって久しいアンドレアスが冥界から蘇り，ラウラの死に立ち会う。人物と手の輪郭はしばしば二重になる。これは死の床を囲む人びとの心震えを表現したともとれるが，同時に死に臨む病人の揺れる視線がとらえた部屋の姿を描いたとも見なせるだろう。二重の線はまた精神世界と肉体世界の重なる部分，生が終わり死が始まる瞬間の不確かさを思わせる」。

《病室での死》(1893）と《死せる母と子》については,「彼は，子供のころの経験を,『あいまいな色彩』と呼び『感動』とも呼んでいる。

忌わしい記憶であるとともに。どこかあいまいでぼやけた色彩的な感動となって残り続け，まるで太古の記憶の刻印のように，彼の人生観を方向づけ，それだけではなく彼の画家の第一要因とすらなるもの，それを，『蓄音機のように鳴り響かせたかった』と『生命のフリーズの成り立ち』のなかでムンク自身が語っている」（中山，1984）。

古代ローマでは，「いない人の姿をとどめておくために絵が生まれた」という説もある。「ちょっと石に刻みつけておくだけで，それを刻んだ時の心理状態が再現され，記憶がよみがえってくる。不在のものを絵にとどめておくということには，『現在ここにないもの』を再現するということも，過ぎ去ったものを記憶にとどめるということも含まれている」（小松，1976）。《死の床》，《死せる母と子》は，室内を描いており，屋外を描いた他の作品とは趣を異としていることからも，幼少期に亡くした母への思慕，姉への思いは，絵画表現という「『現在ここにないもの』を再現し記憶にとどめる」方法で，その当時のその空間をもまるごとムンクの中に配されているようである。

ムンクが，「わたしが挙げた最初の叫び」と称すクリスチャニア湾を背景にした自画像《絶望》（1891）は，ほぼ同構図のバリエーションとして《不安》《叫び》に表現されている。「ムンクのあらゆる病巣がこのクリスティアニアにあったことは言うまでもない」（プリドー，2005）と言われているように，クリスチャニアには，ムンクには忘れられない暗く辛い強烈な体験が流れ，『魂の絵画』として表現される。《絶望》《不安》《叫び》に描かれた空間は，妹ラウラの入院する療養所と豚殺場が隣接するクリスチャニア湾を臨める小高い丘エーケバルクにある（図9-2）。現在は療養所と豚殺場はなく，他の施設になっているが，エーケバルクは「叫びの丘」として石板（図9-3）がはめられ，クリスチャニア（オスロ）湾を望むことができ，天候上の条件がそろえば，《絶望》

図 9－2　エーケバルク
（筆者撮影 2018 年 3 月 30 日）

図 9－3　「叫びの丘」石板
（筆者撮影 2018 年 3 月 30 日）

《不安》《叫び》に描かれた赤く滴るような空を見ることができる。

2. ムンクゆかりの地

（1）クリスチャニア／現オスロ（Kristiania ／ Oslo）

クリスチャニアはオスロの旧名で，オスロ・フィヨルドの最北奥に位置し，南側で海と接する。三方は丘や山で囲まれ，市域にはおよそ 40 もの島が存在し，343 もの湖を有し，市の周辺はたくさんの自然や公園で囲まれている。1624 年の戦火後，デンマークのクリスティアン 4 世が再建し，クリスティアニアと名づけた。オスロは，中世では古北欧語（こほくおうご）「Ásló」と綴られていたが，後に「Ósló」となる。初期のスペルの「ás」は，エーケバルクの尾根のふもとに町があるという説，同音異義語の「神」や「神格」に由来する説などがある。現在，オスロの意味は「尾根の下の牧草地」「神の牧草地」が有力ではあるが，定かではない。

オスロは，ノルウェー最大の都市で，王宮，行政，立法，司法などの機関が集まるノルウェーの首都，人口は692,901人（2021年10月，ノルウェー統計局）。オスロ設立は1049年，首都となったのはホーコン5世の時代（1299～1319年）で，アーケシュフース城の建設を指揮した。後にノルウェーはデンマークから内政干渉を受けるようになり，王宮はコペンハーゲンに置かれ，オスロは州都に降格，デンマーク本土に比べて都市の成長が停滞する。オスロは何度も大災害に見舞われ，1624年の大火は最大の被害だったが，クリスチャン4世による復興で，市街地は現在の場所に移転。碁盤目状の街路が作られ，クリスチャニアに改称され，文化と貿易の中心として発展を遂げた。1814年にデンマークとの連合が解消され，スウェーデンとの同君連合下での自治を獲得すると，クリスチャニアは再び名実ともに首都となった。宮殿，議事堂，オスロ大学，国立劇場やオスロ証券取引所などの有名な建物はこの時代に建築された。ノルウェーの完全独立後の1925年にオスロ市となる。

エーケバルクは，中心街より東側の小高い丘に位置し，オスロ湾を臨み市全体を眺めることができる（ノルウェー統計局）。

（2）オースゴールストラン（Åsgårdstrand）

オースゴールストランという地名は，古北欧語 Ásgarðr：Ás は山の尾根，garðr は農場，strand はノルウェー語の浜を意味し，「山の尾根の農場に属する浜」の意味を持つ。

ムンクの愛した土地はいくつかあるが，そのうち最も好んでいた地は，オスロから南に100㎞ほどの町オースゴールストランといえる。ムンクが生涯唯一購入した家が今でも当時のままに残っており，地元の学芸員によって維持され，「ムンクの家」として紹介されている。アトリエも隣接し,「ムンクの家」入館の受付,レプリカなどの販売を行う売店となっている。

小高い丘陵に建つムンクの家からは,オスロ・フィヨルドを臨むことができる。その先に,バストイ(Bastøy)という小島が浮かぶ。バストイは,ムンクの作品にも描かれているが,実は,そこには少年刑務所(放置少年拘置所)があった。極寒のフィヨルドでは水が凍り,船を渡せないこともあり,流刑者は脱獄しようとフィヨルドを渡ろうと試みるも,身を切るような冷たさのために引き返して刑期を全うするか,凍る水の中に命を落としたと言われている。2010 年に公開された『孤島の王(KONGEN AV BASTOY)』は,1915 年 5 月 20 日に起きた実話をもとに映画化したものである。1900 ~ 1953 年は厳格な規律で運営され,1970 年まで保護学校として継続,現在は島全体がバストイ刑務所として刑期の軽い者が収容されており,エコロジー,ヒューマニズム,責任開発という 3 つの柱に基づいた価値観を持つ。受刑者にとって農業はバストイにおける最大の職場の一つで,自分たちが食べる食べ物の多くを生産している。

オースゴールストランは,1650 年から商業中心地であるトンスベルグ(Tønsberg),1660 年からはホルムシュタット(Holmestrand)に属した。19 世紀初頭からはオランダなどへの材木の輸出港として栄えたが,帆船時代の終わりに伴い衰えた。その後,画家たちが集まるようになり,ムンクもその一人となる。1837 年,基礎自治体として成立した。1920 年代より,レジャー,レクリエーションの場所として人気が高まり,国内外から富裕層が訪れるようになる。1965 年,オースゴールストラン自治体となるも,人口 488 人のノルウェー最小の基礎自治体であった。2010 年 1 月 1 日に市としての地位を取得し,永住者約 3,000 人の小さな都市コミュニティとなった。(オースゴールストラン HP より)

（3）クラーゲリョ（Kragerø）

クラーゲリョという地名は，古北欧語でKrákarey：krákaはカラス，eyは島の意味を持つ。

オスロから194kmのテレマルクの最南端に位置し，1838年1月1日に自治体として設立。帆船の時代，ノルウェー最大の港湾都市の一つとして栄えていた。495の大小の島，190の淡水湖があり，4,000のレジャーハウスを有す観光地の一つで，ノルウェー人の夏の休暇を過ごす場所として人気がある。

ムンクはデンマーク・コペンハーゲンのヤコブセン療養所から郵便船でクラーゲリョに到着し，1909～1915年，漁村であったこの地で村民の温かさにふれ心を癒した。手頃な借家を見つけて住み，気の合った友人の訪問や表現活動よって自己を取り戻した。その後，この家は火災により焼失し，現在は残っていない。ムンクはこの地でインスピレーションを受け，数多く作品を残している。オスロ大学講堂の『太陽』をはじめとした講堂壁画，労働者たちを描いた作品が有名である。ムンクはこの地を愛し，「海沿いの町の真珠」（Perlen blandt kystbyene）と呼んだ。彼にとっては平安と安らぎを見出した場所でもある。（クラーゲリョHP，ムンク・イン・クラーゲリョHPより）

3. 北欧神話と作品

北欧人は自然との共生にあるともいえる。ムンク自身も，土地との相性には敏感だった様子がうかがえる。長い歴史の中で，北欧神話は北欧人にとってある意味根底に根づく文化的存在ともいえよう。ムンクの作品にも，北欧神話を彷彿させるものが数作ある。

北欧神話の世界は，宇宙を貫き立つ一本の世界樹：ユグドラシル

(Yggdrasill）上に点在していると言われている（章扉)。Yggdrasill という名の由来には諸説あるが，最有力説の原義を“Ygg's horse”（恐るべき者の馬）とする。“Yggr”および“Ygg”は主神オーディンの数ある異名（ケニング）の一つで，“Drasill”はオーディンの馬の意と解釈されている。以下，ユグドラシルに関する伝承を記す。

> 遠い昔，人間が地球上に姿を現わすはるか以前に，一本の巨大な樹木が天までそびえていた。宇宙の軸であるこの樹は三つの世界を貫いている。その根は地下の深淵まで伸び，枝は最上層に達する。地中から吸い上げられた水は樹液となり，太陽の光からは葉と花と果実が生じるのだ。その樹に沿って稲妻が走り落ち，雲を集める樹頂は豊穣をもたらす雨を降らせる。木は垂直にそそり立ち，天上界と冥界の深淵をしっかりと結びつけている。樹の内側では宇宙全体が永遠に再生をくり返し，あらゆる生命の源であるその樹は，いく千もの生きとし生けるものを保護し養っている。根の間をあまたの蛇が這いずりまわり，鳥たちは枝で翼を休める。ほかならぬ神々さえもそこを住処としていた。　（ブロス．J『世界樹木神話』P15）

世界樹の想像図は，ムンクも多かれ少なかれ目にしていたと推測される。北欧人としての血が，この世界を生き，パーツごとの表現として，ムンクの時代と地とともに描き続けてきたように感じる。

4. 自然と人と　太古から息づくイメージ

高階（1976）は，「生きて行くということは，人間が周囲の自然環境と折り合いをつけていくこと」，つまり，食を得る，天災などにさらされるといった不安の中に身を置くことであり，「そういう不安のなかに置かれた人間が，なんとか環境と折り合いをつけようとするのが芸術の基本的な機能」であり，その一つの手段が「絵画」であり，「自分の知っている世界の印（マーク）」をすることで心理的安心感を持つことができることを説いている。ムンクは，この「生きて行くこと」の折り合いに，絵画表現と語りを用いたことになる。

人生においてのつまずきであれ，セラピーの中でも乗り越えるべき一つの課題としては，自らの負の部分に向き合い，その負の部分を受け入れていく作業がある。ムンクにも，「ごきげんよう，わたしの負のイメージくん，いったいわたしの魂はどこに収まるのかね」の言にあるように，負の部分と向き合い，折り合いをつけ，受け入れていこうとする姿がうかがわれる。

文献

オースゴールストラン HP　http://www.asgardstrand.no/　20230109access

ブロス．J 原著．藤井史郎・藤田尊潮・善本孝（翻訳）．世界樹木神話．八坂書房；新装版，2008.

小松左京・高階秀爾．絵の言葉．講談社学術文庫，1976.

クラーゲリョ HP　https://www.visittelemark.com/kragero　20230109access

ムンク・イン・クラーゲリョ HP　https://xn--munchikrager-6jb.no/munch-i-kragero/　20230109access

中山公男．ムンクへの旅．新潮社，1984.

ノルウェー統計局　https://www.ssb.no/befolkning/folketall/statistikk/tettsteders-befolkning-og-areal　20230109access

プリドー．S 著．木下哲夫訳．ムンク伝．みすず書店，2007（Sue Prideaux, EDVARD MUNCH Behind the Scream. Yale University Press, London. 2005）

徳田良仁．『心理臨床とイメージ』放送教材　取材，2009.10.19.

10　身体性とイメージ 1

岸本寛史

Solms Delta, Cape Town

《学習のポイント》 イメージを手がかりに身体が脳や心に及ぼす影響を考える。心身症を例に，症状形成のモデルと治療モデルの違いについて考える。心と体をつなぐものとしてのイメージの意義について検討する。また，無意識的身体心像についても論じる。
《キーワード》 脳と心と体，二面的一元論，心身症，無意識的身体心像

1. 心と体

本章のテーマである「身体性とイメージ」には広範な内容が含まれるが，「心理臨床におけるイメージというものを，段階的に捉えられるようになることを目標とする」という授業目標を見据えて，心理臨床に活かせるような観点から論じることにする。

このような限定を加えたとしても，このテーマを論じるための舞台をもう少し整えておく必要がある。「イメージ」という言葉は，心の中に思い浮かべられる姿や情景，想念，概念，印象，視覚像など，その内容が多岐にわたるが，いずれにおいても，イメージは心の働きと無縁ではない。したがって，「身体性とイメージ」について考えるためには，それが心と体の関係についてどう考えるかというデカルト以来の大きな問題の舞台上にあることを理解しておかねばならない。これは現在でも議論が続いている難問だが，自分がどのような立場から取り組んでいるかを自覚していないと足元をすくわれてしまう。そこで，まず，筆者の立場を明らかにしておこう。

一つの極端な例として，心というような目に見えないものは無いものとして，純粋に客観的に扱える体のみを対象とするという立場がある。歴史的には行動主義と呼ばれる一派がこの立場をとり，心は無視し，行動に焦点を当てて，「古典的条件付け」や「オペラント条件付け」といっ

た「法則」を見出すなど一定の成果を上げてきた。しかし，心の悩みを訴えて訪れるクライエントに心理療法を行う上では，視野を限定しすぎているため，純粋にこの立場を貫くことには無理がある。このような極端な行動主義に対する反動から，認知心理学が生まれることになった。

よく見られるのは，心と体を分けて，体に対しては純粋に客観的なアプローチを行い，心に対しては心理療法的なアプローチを行うという，分業的な考え方であろう。心と体を分けることで現代医学は長足の進歩を遂げてきたし，現在でもそれは続いている。しかし，一方では，心身症など，体のみに焦点を当てるだけでは解消しない病態も明らかとなってきた。現代医学は体のみに焦点を当てることで進歩してきたが，心と体の関係については棚上げのまま残されてきたともいえる。

2. 心・脳・体

近年，脳科学が進歩にして事態がさらに複雑になった。検査法の進歩により，脳機能のさまざまな側面を明らかにできるようになって，器質的には異常がないと見なされてきた心身症などでも，脳の機能的な異常が検出できるようになってきたからである。つまり，心と体の関係を，脳と体の関係に置き換えることで，二元論の枠組みを保ったまま，従来，身体に行われていた客観的なアプローチを脳に対しても行うことが可能となってきた。しかし同時に，脳と心の間にどのような関係があるかという難問も生じることになった。チャーマーズはこれを「ハードプロブレム」と呼んでいる。神経生理学的な活動（脳）はどのようにして，そしてなぜ意識の経験（心）を生むのかという問題である（Chalmers, 1995 ／ 2016）。

このように，心と体の関係は，心と脳と体の問題として捉える必要があり，脳と体の関係については客観的なアプローチが可能であるが，心と脳の間には依然としてギャップが残されたままとなっている。このギャップがあるために，脳科学の知見をそのまま心に当てはめようとしてもうまくいかない。心と体について考えるときには，この点をよく自覚しておく必要がある。

このような状況の中，マーク・ソームズらは「二面的一元論」という立場から脳と心の問題に取り組んでいる。一元論では，私たちはただ一つの種類の素材からできていて，精神と物質とは一つの同じものに還元できるとされる。一方，二元論では，私たちは二種類の異なる素材からできていて，精神と物質は一方を他方に還元できるようなものではないとされる。ソームズによると現代の脳科学の主流は唯物論的一元論である。精神と脳とは究極的にはただ一種類の素材に還元でき，その素材とは物質的なもの，具体的にはニューロン（神経細胞）であるとの立場をとっているからである。

これに対して，ソームズらは，私たちはただ一つの素材から成る（一元論）ということを認めた上で，その素材は，本質において，精神的な存在でも物質的な存在でもないと考えている（ここが唯物論的一元論とは異なる点である）。この素材をソームズは，フロイトに倣って「心的装置」と呼んでいる（Kaplan-Solms & Solms（2000／2022），Solms（2021／2021））。後述する山中（1993）の「こころ／からだ統一体」もこれに相当すると思われる。そして，「心的装置」は，外から対象として見たときには物質的に見え，内側から主体として見られたときには精神的に見えるようなものであるとされる（それゆえ「二面的」と呼ばれる）。このような精神（心）と身体（脳）の区別は知覚によって作り出されたものであり，私たちは，自分の感覚の限界を越えることができないので，「心的装置」自体を直接知覚することはできず，モデルを生成してその働きを推測することしかできないという。

そのもの自体を見ることはできず，「その存在を推測することしかできないもの」は珍しいわけではなく，例えば重力は，高いところから球を落として観察し，その結果を説明するためのモデルを生成することで重力の存在を推測することはできるが，重力そのものを見ることはできない。見えないからといって，重力の存在を疑う物理学者はいない。同じように，心的装置も，その装置そのものを知覚することはできず，ただモデルを生成して推測することしかできないというのがソームズの立場である。また，心と体（脳）の関係については，雷光と雷鳴の関係にたとえ（雷鳴も雷光もその根底にある同じものの二つの表れ），一方を他方に還元することはできないとする。

二面的一元論のスタンスは，心理療法を行う上で，その関わりをより慎重で配慮の行き届いたものにしてくれると考えるので，筆者もこの立場から論じることにする。これだけではわかりにくいと思うので，次に心身症の事例を取り上げ，具体的に考えてみよう。

3. 腹痛の事例

ここで取り上げるのは，一般内科の外来で診察をした高校1年の男子学生で，主訴は腹痛だった。1週間前に受診し，初診の内科医は過敏性腸症候群と診断し，翌週は私の外来に受診された。

診察室に入るなり下を向いたまま視線を合わせようとしない。体調はどうですかと尋ねるが，「変わりない，朝が悪い。昼と夜は食べれるようになった」とのこと。付き添いの祖母は食事量がかなり減っていて心配していると看護師に話していた。初診医より整腸剤が一種類処方されていたので「薬はどう？」と聞いてみると，「朝飲んで効くときもあるし，効かないときもある」と。通院を希望してくれたので2週に一回のペースで予約を入れることとした。

その2週後の診察。「どうですか？」「調子いい日と悪い日とある。昨日はあまり食べれなかった。今朝は少し食べれた」「いい日と悪い日とあるんだね」「いや，悪い人はいない」「？？」（そこで私は彼が「いい人，悪い人，あるんだね」と受け取ったと気づき）「いや，“いい日”だよ」と言うと笑いがこぼれた。「仮病と言われる」「そうは思わない」「どうすればよくなりますか」「うーん，すぐにはわからないけど，相談していこう」。前回よりは視線も合うし，表情もわずかではあるが硬さがとれている。

3回目（初診から1か月後）。「痛むときもあるが，少しずつ食べれるようになってきた。運動をやってもいいですか」。医学的には運動制限が必要な状態ではないが，彼が何を聞きたいのかわからなかったので答えずにいると，彼はこう続けた。「運動部に入ったのですが，本当はやりたくなかった。たまたま最初に見学に行った所でしつこく誘われて入ることになってしまった。体育はやってもいいですか？」「無理しない程度にやってもよい。安静にしていればよくなるというわけでもないから」「1500メートル走は？」「自分で大丈夫そうならかまわないけど」「1500メートルはきつい。無理だと思う。でも体操の授業ならできるかも…。体操だけ出てみようかな…」

4回目の診察。「たまに痛むくらいになった。痛みがないわけではないですよ。確かに痛い。でも食事も少し食べれるようになりました。少しですけどね。授業は休んでいません」。痛みの回数はかなり減っているようだった。

5回目の診察（初診から2か月後）。「この前，体育祭だったのですが，出た方がいいですか？」「出たらだめというわけではないが，出た方がいいかどうかは…どうして？」「人が足りなくて借り出されそうになったけど，嫌だったので…結局出なかった。後でいろいろ言われましたけどね。陰でもいろいろと言われていると思いますけどね」。これに続いて，実は中学のとき，同じような行事で嫌な思い出がありましてね…と，騎馬戦に乗じて外からは見えないところで散々殴られ，非常に辛い思いをされたことが語られた。その後も似たようなことがあったが，彼の味方になってくれるものはおらず，誰にも理解されないまま一人で耐え忍んできた彼の思いが痛いほど伝わってきた。

その次の回では，症状がまったくないわけではないが，痛みはほとんど気にならず，食事も取れるようになってきたとのことで終了にしたいと申し出があった。祖母も看護師に，「家でもいろいろと話をするようになり，ずいぶん変わってきたと思う」と話されていたとのことで，終診とした。

4. 症状形成のモデルと治療の流れ

このような患者が内科外来に受診すると，医師は問診と身体診察を行い，必要に応じて検査を行うが，器質的な異常が見つからないと，整腸剤など対症療法的な処方が行われる。しかし，これだけでは問題の解決には至らないことも多い。彼が通院を希望されたので，身体的なアプローチだけでなく，話を聞くことで彼が主観的にどのように腹痛を感じているかも理解しようという二面的なアプローチを私は試みたが，その背後には，先に述べた二面的一元論の考え方がある。つまり，腹痛という事態で生じている根本的な事態そのものを見ることはできないが，医学的な診察や検査で外から腹痛を見ると同時に，彼の話を聞くことで内側からも腹痛を見ていこうとしたのである。

このような二面的なスタンスをとっていると，腹痛について語るうちに，体育祭のとき，騎馬戦に乗じて陰で殴られ，彼を守ってくれる人がいなくて孤立を感じるようになったことが連想され，それ以降，腹痛がことあるごとに出現するようになったというストーリーが現れてきた。症状形成という点では，「いじめ→孤立→身体化→腹痛」という筋書きが浮上してきたのである。

一方，治療の流れは，丁寧な診察をして治療関係を築くことを心がけ，仮病ではないことを保証すると，運動許可をめぐるやり取りがなされ，最終的にいじめの体験が語られる頃には症状が軽快していた。彼が原因と考えるものが明らかになったのは，治療の最後であり，原因を除去して症状を取るという医学モデルが有効に働いたわけではない。

5. 痛いのは体か心か

心身症の治療については本章のテーマから外れるのでこれ以上は触れないが，この事例をもとに，心と体の関係について考えてみよう。

話を聞くという心理療法的アプローチで腹痛が軽快したことは，彼の腹痛が心の痛みであって体の痛みではないことを示しているのだろうか。極端な場合には，「気のせい」だったと考えられてしまうことすらある。しかし，彼からしてみると，痛いのは確かにお腹であって，心が痛いと感じられていたわけではなかった。しかし，心理療法が腹痛という身体症状に有効であることは，心と体を分けて考える二元論の立場からは説明がつかない。

過敏性腸症候群の病態については，腸と脳の情報交換が神経レベルで明らかになってきており，ストレスや不安が高まると腸の運動が亢進したり知覚過敏となることで症状が生じると説明されている。このように，脳と身体の関係に焦点を当てて説明がなされるようになり，「気のせい」というような極端な見解が示されることはさすがに少なくなってきた。しかし，脳と身体の関係が明らかになっても彼が腹痛をどう体験しているのかはわからない。心と脳の間の溝は埋まらないまま残されているのである。

心は脳の働きに還元されるという唯物論的一元論の立場にとどまる限り，脳と体の関係を明らかにすることが重視され，心のことは，ストレスを減らすなどの一般的な助言にとどまってしまうことが多い。また，心と体とを分けて心理療法の対象を心の問題のみに限定するという二元論的立場をとっていると，腹痛という身体症状が心理療法の対象とはなりにくい。

これに対して二面的一元論は，心と体を，一方を他方に還元できるものとしてではなく，その奥にあるもの（先述の「心的装置」あるいは「こころ／からだ統一体」）の二つの表れとして，対等に捉える。心理療法も，医学的な治療も，その奥にある人間という存在の二つの異なる側面に対するアプローチとして，同等に尊重される。私が二面的一元論に魅力を感じるのはこの点である。唯物論的一元論も，二元論も，人間が心も体も備えているという実感とはそぐわないからである。

なお，二面的一元論の立場からは，心理療法から得られた心のモデルと，脳と身体の関係から得られる病態モデルとを，すぐに結びつけることはせず，脳の損傷部位と心理的機能の障害の相関を丁寧に見ていくことで，心的装置のモデルを洗練させていくことになる。南アフリカの精神分析科で脳科学者のマーク・ソームズがこのような立場から心的装置の詳細を明らかにしつつあり（Kaplan-Solms, Solms, 2000／2022），意識がどこからどのように生まれるかについて有力な仮説を提唱している

(Solms, 2021 ／ 2021)。

6. 心と体の間にあるものとしてのイメージ

山中はすでに「こころ／からだ統一体」を「元来の一つのものとしてみていくための手段として，『こころ／からだ』の中間領域として横たわるイメージの領域に着目する」ことの重要性を主張していた（山中，1993)。ここで本章のテーマである「イメージ」への着目が強調されていることが目を引く。

山中の立場は，明示されていなものの，二面的一元論と軌を一にしており，二面的一元論の立場から心理療法的アプローチを行う上では，「イメージ」が鍵となるともいえる。心身症の治療においては，「お腹が痛い」という語りをイメージとして聞くことが必要になると山中は言う。ここで「イメージとして聞く」とは，彼の訴えを，体の症状として聞くと同時に，心のこととしても聞くということである。お腹が痛いと言われたときに，すぐに体のことと受け止めて，食べ物に注意した方がよいとか，病院に行った方がよいのではと口を挟むと，こころの側面が見えなくなってしまう。かといって，こころの問題として聞こうとすると，病気を見落としたり，あるいは，患者自身が（自覚的には体の症状として感じているので）心のことに焦点が当たることに意味を感じられなくて通院が途絶えることにもなる。体のこととして即断するのでもなく，心の問題のみに焦点を当てるのでもなく，心と体の間にあるイメージとして聞くことで，心の側面で生じていることと体の方で生じていることの両方を視野に収めようとするのである。こうしてみると，心と体を同等の重みで尊重するために，二面的一元論という考え方が適切であり，その際，「イメージ」という考え方が大切になってくることが了解されるであろう。

7. 無意識的身体心像

最後に，無意識的身体心像という概念について紹介する。無意識的身体心像は，「無意識的」という言葉が示すように，当人がそのことを意識していないにもかかわらず表現される身体的なイメージのことをいう。これは山中が1985年に初めて報告した（山中，1985）。その着想のきっかけとなった尹（ユン）さん（仮名）という事例を引用する。

尹さんは脳卒中後遺精神障害および左半身麻痺とアルコール依存症のために入院中だったが，入院後に肺癌が合併していることが明らかとなった。肺癌のことは当人には知らされていなかったが，次のような話が語られたのである。

「カナダの北方で雁が異常発生しよって，これがアフリカへ飛ぶんです。そこではバッタが異常発生していて，新しい草を全部食べてしまいよるんですが，移動した雁がこれをまた食べよるんですな…」雁の大陸移動というテーマに心を動かされた山中は，精査してみると，果たして肺癌の脳転移が明らかとなったという。雁（がん）の大陸移動というイメージと癌（がん）の転移（肺から脳への移動）のイメージが重なっているのである。

「カナダの西海岸から800キロ東に入ったところにキング島という島があるそうですね。そこの島にはコンブやワカメが年間10万トンも，何もせんでもうちあげるため，そこへ行く船はスクリューが引っかかって困るとかです。それを土の中に埋めておくと，毒性のガスが発生して雁が落ちるのだそうです」この頃，咳や痰がひどく，右肺の悪化は著しかったと記載されている。

「アラスカの東方12キロのところに砂漠があって，そこの砂は塩分が多いんですな。そして不思議なことに，シベリア上空の雲が，そっちのほうへ引っ張られとるんです」尹さんの右肺はこの頃完全に無気肺状態となっており，「内臓は大きく片方へ引っ張られた状態」であった。

これらの話は，病巣のことを意識しながら語られたものではない。そもそも尹さんは肺癌のことを知らされていなかった。これは，病巣部のことをイメージするように言われて意識的に語られるイメージとは異なる。

チューリッヒ大学医学部附属病院で主に描画などを用いて小児の心理サポートを行っていたユング派分析家，スーザン・バッハも，子どもたちが描く絵に病気という身体で生じている出来事が無意識のうちに現れてくることを，多くの事例を示しながら指摘している（Bach，1990／1998）。私自身も，がん患者が病巣部のイメージを彷彿とさせるバウムを描くのを一度ならず見てきたので，この種の現象はその目で見始めると決して稀ではないのかもしれない。

この類の現象を理解する上でも二面的一元論は有用である。強引に，がんと体で生じていることと心に抱くイメージとを結びつけようとすると，患者の描く絵から体の病気を診断しようとするような偽科学に通じることになるので，危険である。しかし，これらをまったく意味のない現象として捨て去ってしまうこともどうかと思う。光が粒子としても波動としても説明可能であるのと同じように，「こころ／からだ統一体」の営みが，一方で例えば「雁の大陸移動」として語られ，他方で「癌の転移」として現れるということはあり得ることではないだろうか。

ただ，光の波動としての側面と粒子としての側面とは，一方を他方に還元することができず，それぞれを詳しく分析することで光をより多面的に捉えることになった。それと同じように，無意識的身体心像を，体で生じていることですぐに説明しようとするのではなく，この種の現象を心と体のそれぞれの側面において詳細に分析し検討していくことで「こころ／からだ統一体」としての人間に対する理解が深まるのではないかと思う。無意識的身体心像が見られたときには，私は，患者が意識していないところで体に生じていることをしっかりと見つめているのではないかとの仮説を抱いてお会いするようにしている。

引用文献

Bach, S. Life Paints Its Own Span. 1990. 老松克博，角野善宏訳．生命はその生涯を描く．誠信書房，1998.

Chalmers, D., Facing up to the problem of consciousness. Journal of Consciousness Studies, 2: 200-219. 1995. 太田紘史ほか訳．意識の諸相（上巻）．春秋社，2016.

Kaplan-Solms, K. & Solms, M. Clinical Studies in Neuro-Psychoanalysis. Karnac Books. 2000. 岸本寛史訳．神経精神分析入門．青土社，2022.

Solms M. The Hidden Spring. Norton. 2021. 岸本寛史，佐渡忠洋訳．意識はどこから生まれてくるのか．青土社，2021.

山中康裕．深層心理学からみたからだ．岩波講座宗教と科学第 8 巻．身体・宗教・性．岩波書店，1993.（山中康裕著作集第 3 巻．たましいと癒し．岩崎学術出版社．2002 年所収）

参考文献

岸本寛史．がんと心理療法のこころみ．誠信書房，2020.

岸本寛史．せん妄の緩和ケア．誠信書房，2021.

岸本寛史編．ニューロサイコアナリシスへの招待．誠信書房，2015.

第８・９章関連 column

ウィピールと宇宙樹

グアテマラ・マヤの世界観は，女性のブラウスである「ウィピール」に集約されている。いわゆる巻頭衣であるウィピールの構造自体，脇を縫い合わせる前に広げると，首周りを中心として，十文字になっている。十字は，水平方向に展開して東西南北，垂直方向に展開すると宇宙軸となる。つまり，ウィピールを纏うということは，マヤ十字を纏うということであり，神に仕えるものであれば，纏うことで神が宿ると信じられてもいる。

ウィピール自体が四方を表しているため，女性自身が四方の中心である貫頭部分に頭を通し，四方という水面に垂直関係を築くことで，中央に貫く天上界と地下界を繋ぐ棒となり，3D の十字架が完成する。つまり，マヤ十字のウィピールを着装した女性そのものが天と地下をつなぐ中央の棒となり，女性自体が世界樹そのものになるのである。

木は人に例えられることがあるが，マヤの女性は，自ずとそのことを知っているかのようだ。

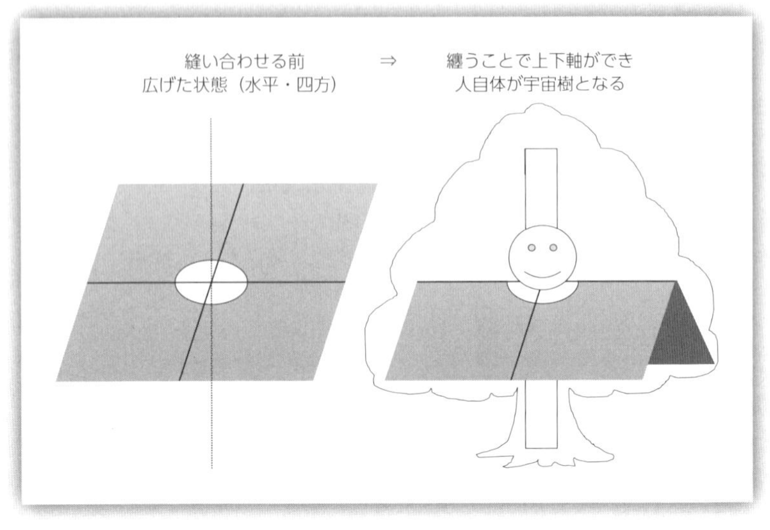

11　身体性とイメージ 2

― 音・音楽と人との響き合い ―

北本福美

《学習のポイント》 言葉が主たる交流素材としては役立たないクライアントとは，間や雰囲気，場に流れる通奏低音，やり取りのリズム感，クライアントの皮膚を纏ってみる感覚等で知れる可視化されない出来事（存在）がセラピーを成り立たせる重要な要素となり，イメージのやり取りとでも呼べるような交流が成り立つ。ここでは，音・音楽という素材が持つ，集約された時間の瞬発性，体内に残る響きの永続性，時間を跳躍する回顧性といった特性が，言葉を越えて発揮する力を考える。
《キーワード》 音楽，音楽療法，日本的感性，アクチュアリティ

1．音が人に与える効果

最初に，交流素材としての音楽の特性について考えてみる。

① 音楽の構成要素

テンポ（速度）＋リズム＋音色（音質）＋ダイナミクス（音量）＋ハーモニー＋メロディ（ピッチ）＋歌詞 の７つがあり，それぞれが影響力を持っている。

② 音楽の定義（音楽学的理解）

確定されたものはないが，広義には，「人間が音声器官を使って発言したり，また器物で音を出したりするすべてのもの（言語との相関）」と言われたり，さらに広義には，「音を発しなくても，人間が身体を動かし広い意味でのリズムを意識すると，すでに脳には『音楽』と同じ働きが生じる」ので，無音であっても音楽と捉えられており，かなり幅広い視点での取り扱いが必要であることがわかる。言うならば，芸術音楽＋民族音楽＋音＋音楽的体験をすべて含めて音楽と捉えていくことが大切となる。

③ 時間芸術としての独自性

他の芸術要素にはない瞬間性と消滅性を持つ音楽は，瞬時に一体感を

生んだり（歌声を合わせた瞬間の「一」の体験など），余韻に浸りながら高揚と静まりを体験できる。同時に，消え去るものでありながらも長く記憶にとどまることも知られており，懐かしい音の記憶は認知症などが生じても活性化することが観察される。

このような特性を背景とした人へのさまざまな影響は以下の点である（Clark, I. N. & Tamplin, J.（2016）より）。

① 日々の生活の刺激剤・弛緩剤としての役割⇒すべての年齢層が使用し，運動の動機づけ・気休めなどの場面で活用している。

② 音楽への身体反応⇒意識・無意識の両方への刺激となり，特にリズムに関しては内的身体リズムの模倣を脳が外部刺激として容易に認識することができ，自動同期同調（automatic synchronisation）で運動・心拍・呼吸数・神経活動が共鳴したり，反復運動サイクルへのビート音楽の効果（feedforward ／ feedback loop）で運動が促進される。また，気分・情緒・疼痛緩和・ストレスと不安の軽減に役立ったり，身体活動の増強・呼吸機能の改善・癒しともなる。

普段の生活場面でも，気づかないうちに音楽の効用を得ているといえる。

2. 日本の音の特性（日本的感性）

日本人の感性としての音の体験の仕方についても，触れておかなければならない。ここでは，日本語を母国語として生活してきた脳に刻まれた感性をまとめることとなるが，他国言語で生活をしてきた方は，接する対象の理解として読み進まれたい。

① 音の受容

音になっている音，例えば言葉・有声音は息に乗せて運ばれ，響き・

音色を体験するが，音にしない音，例えば言外の音・言葉の背景に流れる音への感受性も高く，内なるエネルギーとしての音である静けさ・余韻・しじま・間・沈黙も音として受け止める感性がある。コンサート演奏の曲間が諸外国より長いことが知られている。

② 自然音への有意味つけ

自然界の音・声，物事の状態や動きなどを音（おん）で象徴的に表した表現をオノマトペという。「(雨が) ザーザー（降る)」など，その語がなくても意味は通じるが，あることで状況が生き生きする擬音語・擬声語・擬態語などのことで，宮沢賢治・草野心平の作品にも多数見られる。

③ ペンタトニックと母音言語

日本独特の音階にドレミソラで構成される「ヨナ抜き音階」がある。全音階でどの音の組み合わせでもハーモニーが生まれる音階である。この音階は日本語自体にも反映されており，話し言葉から身体的に調和し，耳に残りやすい。CM 曲を作るときや流行する曲を作るときに，用いられることも多い。また，日本語は，すべての音の後に母音が付いている。この母音構造は音が次の音へとつながることを促すので，調和の良さを持つ一方で，切れる・対立するという面での苦手さを持っている。〈和の音〉が持つ，刻みではない・階段状ではなく坂状の特徴は，曖昧さ・幅・加減という表現を生み出し，響きのリズムとも呼べる音の波の相乗効果を生み出しやすいと考えられる。

④ 芸における音の感性

「雑音も音」という伝統がある（例えば，三味線はわざわざ一の糸にサワリという雑音を入れる)。また，季節感・時間感の強調の見られる音楽（雅楽では，春＝双調　冬＝盤渉と季節に応じた演目があったり，時間に合わせた演目がある)，「序破急」(能では，序は緩やかな導入部，破は内容豊かな展開部分，急は急テンポの終章）など日本の芸能が持つ理念には一方向性・回帰性という特徴や間・ズレ・解放点が重視される。さらに，民族音楽の特徴としても，民謡・わらべ歌・宗教音楽と多彩であり，深めるという芸の感性から，山中節のように一曲のみを追求するという修練もある。

このような日本的感性が，イメージの生成にも影響すると考えられる。

3. 人の発達と音楽

発達段階での人と音との関係についてはどうだろう。現代がもたらす変化とともに見返してみることとする。

① シンリズミア

人間関係の基礎として母子間に交換されるリズムを指し，生まれて間もない新生児は，親の抑揚のある，表情豊かな話かけに目を輝かせる。そこに「親子の絆の音楽性」が見いだされる。乳児に向けた声かけ（Infant Directed Speech: IDS）は，別名マザリーズ，ペアレンティーズとも呼ばれ，脈動 pulse，質 quality，物語 narrative の音楽的要素が含まれておりコミュニケーション的音楽性（Communicative Musicality）を有している。母親が不安定な状態時（産後うつ病など）には，発生しないことも知られている（渡辺久子）また，子守歌効果として知られている，情動調律・入眠誘導の基礎ともなる。現在の子育てでは，子守歌に代わって人を介さない調律，例えばレジ袋をこする音・うどんをすする音を泣き止ませに活用する母も散見されるが，シンリズミアの経験値の低下がもたらす発達の変化はないだろうか。

② 倍音

ある音を弾いたとき，その音と同時に，自然に発生するその整数倍の振動数である音のことを指す。女性の，澄んだ美しい声を形容する言葉に「鈴の転がるような声」という表現があるが，倍音の響きが生じているともいわれる。楽器の生演奏では倍音が含まれ，長く聴いていても脳疲労がないが，一方で人の可聴域のみの録音演奏は長く聴いていると疲労する。自然に恵まれた環境から降り注ぐ音体験では，倍音も含んだ音体験がもたらされ，身体内へ響きが体験・蓄積されるのだが，電子化された音環境での生育では，倍音体験が少なくなることが予想される。脳疲労の増大はないのだろうか。

4. 病理との関係

さまざまな病理と関わった音楽表現の理解も大切である。

① 音の記憶の強靭さ

音と香りの記憶は時間がたっても鮮明であることが知られており，特に自分が活躍していた時期の音楽の記憶はエピソードとして残りやすく，手続き的に身体にしみ込んだ楽器扱いなども残りやすい（Ex. 村の祭りの太鼓奏者)。これらは認知症の方でも残存しやすく，高齢社会でのアプローチのアイテムとして活用できる。

② 病理を反映する音楽反応

メンタルテンポと呼ばれる，個人に固有な（最も自然で，快適と感じる）テンポが病理・病状によって変化することが知られている。統合失調症では，強弱の差を打てない・リズムキープが困難であることが知られており，メンタルテンポは，焦燥感があるときは早まり，症状が治まってくると平均的になっていく。鬱では，休符が伸びるなどメンタルテンポの低下が音の間伸びを生むことが知られており，症状が軽快すると，テンポがアップしてくる。

このような表現を読み取り，対象者の内的状況を把握し，残存機能の活用や関わりのサポートを工夫していくことができる。

5. 音楽表現が生まれてくるというコト

人と人との出会いの場で，音楽が交流素材となりうる背景にはどのようなことがあるのだろうか。

①　表現が生成される条件として必要とされること

表現（歌唱・演奏）する主体からの行為としての側面（行為・運動的側面），自分と他人が出している音を同時に聞き続けていく側面（知覚・認識的側面），内部と外部に同時に関わり続けることで成立する世界が必要な要素となる。つまり，発する側－受け取る側というコミュニケーションの基盤があって初めて成立し，相互の交流がつながりを維持していると言える。では，ここでの関わりの行為が持つ特徴は何であろうか。

②　臨床独自の「現実」

現実には2種類ある。1つは，リアリティ（「res」もの・事物）と呼ばれる現実を構成する事物の認識と確認を要求する現実で，客観性を重視し，いわゆる科学的な態度とされる可視的な観察対象である現実である。もう1つは，アクチュアリティ（「actio」行為・行動）と呼ばれる現実に向かって働きかける行為の働きそのものを指す現実で，臨床の場では，アクチュアルな時間がより重要となる。「いま」の生き生きした存在がすべてで，私と世界とが完全に膚接している時間とも言えよう。

心理学では，見えないもの（現象）を，見えるようにする努力がなされてきたが，見えないものは「オトヅレ（音連れ・訪れ）る」ものである。音楽療法では，セラピーの場に飛び交う，「気配・雰囲気・肌ざわり」をセラピストが感じ，クライアントにチューニングして空気を読み，振動を聴く。そして，クライアントといういのち・生きている身体に寄り添う。息するからだに同行していくアクチュアルな時間が展開する。

6. 音楽療法の起源

歴史的な記載では，旧約聖書のサムエル記に「神の霊がサウルを襲うたびに，ダビデが傍らで竪琴を奏でると，サウルは心が安まって気分が良くなり，悪霊は彼を離れた（図 11－1：サウルとダビデ）」の記載がある。竪琴の名手ダビデが，サウル王の鬱を癒したとされる逸話的エピ

図 11－1　レンブラント〈ダビデの弾く竪琴に聞き入るサウル〉「サウルとダビデ」

ソードであるが，音楽療法の原点と源流としては，海老澤敏が「癒しの神アスクレーピオスはいま蘇る」(1998) にまとめた神殿医療での眠りの中のお告げ，芸術を介した癒しの実際の記述が参考となる。

図11－2　アスクレピオス
（市江雅芳氏撮影）

●古代神殿医療・アスクレピオン
Asklepieion

古代ギリシャには，アスクレピオンと呼ばれる医神・アスクレピオスに捧げられた古代神殿医療の場（図11－2：アスクレピオスの写真）が作られていた。温暖で健康にかなった，泉の豊かな場所。そして，風から保護されながらも，清らかな空気に恵まれた場所が選ばれ，その土地は「ト・ヒエロン（聖域)」と呼ばれてきた（図11－3：コス島，エピダウロスなど　写真)。そこでは，「人は病状・不調を好転させる深い基盤を自分のうちに秘めている」と考えられ，「それを活性化する機会が与えられる」ことが重視され，日常の環境から離れ，宗教的雰囲気に触れるなかで，治癒神アスクレピオスに仕える医者たちから手厚い看護を享受し，身体だけでなく心の深い層が自分を取り戻すことに手助けをするとされていた。特徴として，「眠り」や「芸術」による治療が中心であり，アバトーン（眠りの神殿）でクリネー（横になる臥台）に横になり，筒から流れる神官の声（音楽）を聴きながら一夜を過ごし，夢の中でアスクレピオスからの啓示を得て，それを治療に生かした。また，「劇場」で劇や音楽鑑賞といった芸術によるカタルシスも行われた。

海老澤は，泉水で身を浄めた（水垢離＋飲用）病人が，アバトーン（眠りの中でお告げを受ける）で仮眠し，病魔から解放されるというプロセ

図 11－3　コス島・エピダウロス（市江雅芳氏撮影）

スを通じ，眠りの中でアバトーンに設えられた管から送られる医師（当時は，神官）の声はアスクレピオスの声であり，それに暗示を掛けられ，夢幻・夢現のうちに病から脱出したと推測する。「それは呪文のように抑揚のついた言葉であり，また歌であったろう」とし，音楽療法の起源をここに見ている。

7. 音楽療法とは

① 音楽療法の歴史

古代から伝承される音楽と人との関係を見てきたが，近代の音楽療法につながる最も古い文献は，1789年の「音楽の物理的考察」と題する論文に記載されている。1800年代には音楽の治療効果に関する医学的研究が進み，1940年代からは大学でも音楽療法が行われるようになった。音楽を治療手段として使用する先駆者であるガストンは，この実践を組織的に推進し，セラピーの一種として受け入れられるようになった。

また，アルトシューラーも，1940年代に精神病院での勤務時に，患者が食事をする際に聴く音楽について観察し，患者の気分とテンポに合わせた選曲が，気持ち良くスムーズに行動に移れることを発見した。この観察は，「同質の原理（ISO-Principle）」[(1)]として知られている。

現代の治療的な関わりが始まったのは，第二次世界大戦後に，アメリカでの帰還兵の収容病院への音楽家の慰問活動からと言われている。日本では，明治時代から都立松沢病院での集団歌唱が最早期の音楽活動の導入として知られている。

② 定義

楽曲だけではない，ノンバーバル・プレバーバルな素材である「音楽的活動･体験を」，でもしかではなく「意図的･計画的に用いて」，トレーニングされた専門家である「セラピストが」，依頼人である「クライアントとの」，治療目標や構造を備えた「治療関係に用いる」ことをいう。現場では，心理療法としての音楽療法以外にも，リハビリ・レクリエーション・アクティビティなどの立場での音楽活用もなされている。

③ 対象・適応特性

特性として生理的・心理的・社会的・霊的な側面へと働きかけること

ができ，対象現場も，医療・福祉・教育・矯正と多岐にわたる。また，対象クライアントも小児〜高齢者と幅広い。対応時期は，急性期〜慢性期とさまざまで，短期〜長期にわたることもある。治療構造は，個別での1対1の関わりの他，集団（日本では，数十人規模の高齢者セッションも多い）でのセッションもあり，頻度もさまざまである。形式としては，受容的（受動的）な聴取するセッションのパターンや能動的な歌う・奏でるなど活動するパターンがある。これらに加えて，セラピストの属性（背景理論，ベース教育，コラボレーション職種の如何）で果たしうる成果と限界が生じる。音楽療法といっても，現場ごとのセッション内容の差があるが，クライアントのニーズに応じた考慮がなされる。

④　機能

先駆者たちの言をまとめると，「音楽療法は病気の治癒に直接働きかけるものではない」が，「健康性の発見と開発・所与性の尊重」をすることで，「病気との闘いを孤独にさせないツールとして機能」し，「関わりにおける自己【self-in-relationship】の感覚の確立」を促進するという。それは，「審美的【aesthetic】瞬間の提供」でもある。言語的なこと・言語になり得ないこと，音楽でしか伝えられないこと・音楽によって豊かになること，そんな機能があると考えられる。

⑤　期待される効果

治療として期待される効果は，いくつかの階層があると考えられ，治療（remedy；良くなるところは治す）〜改善（現状よりは良くする）〜維持（それ以上進行させない）〜抱える（共に生きる姿勢を共有・同行する）〜受け容れる（障害受容）と状況によって意図されるところが変わってくるが，＋αとしての各セラピストのエッセンスがもたらすオリジナルな効果も含めて，Therapy というサービスと Treatment という取扱いを考慮し，その人が，その人らしく生きることへの対人援助が叶うことが重要である。

8. 音楽療法に現れるイメージの世界（回想，身体性，音響・震えを事例を通して考える）

＊事例の詳細やプライバシーに関わる部分は配慮して取り上げる

① 音楽による回想

リタイアー後に発症し，返事程度の応答しか見られなくなった臥床状態の末期SDAT（senile dementia of Alzheimer type）患者へのターミナルケアとして行われた音楽療法で，青春の音楽である寮歌を交流素材としたところ，反応が見られるようになり，覚醒水準の上昇・身体的な柔軟性の回復・合目的的行為の回復・言語機能の賦活・よき時代の回想・夫婦の絆の確認がなされた。認知症末期には関わりの素材を見つけることが難しくなるが，丁寧にその方の音楽との関わりの歴史を紐解き，最も伝わると感じられるキーとなる音楽が見つかったことで交流が可能となった事例である。脳画像では変化は見られなかったが，反応あるクライアントとご家族も過ごす時間が持たれた。

② 音楽による身体性の回復

夫への被害感を中心とする妄想を主訴に入院となり，入院治療中に体験した集団音楽療法に関心を持ち，外来通院と合わせて希望されたDLB（dementia with Lewy bodies）患者への補完的アプローチとして行われた音楽療法では，小股歩行などのパーキンソン症状が進む中，歌唱しながらのテンポキープ，楽器演奏などで身体感覚の再建により歩行の安定・声域の拡大・能動性の拡大（グランドゴルフ・カラオケなどの対外活動）・自己効力感の回復・夫への依存の減少（妄想の不活性化）

などの変化が見られた。進行性の病気ではあるが，身体の中にクライアントが歌える速さのテンポをキープする練習や楽器演奏で意図するように動かせる身体を体験することで身体イメージが整い，相応した運動面の改善が見られ，生活の質の向上につながったと考えられる。

③　音響・震えの共有によるスピリチュアルな関わり

呼吸停止から，重度の脳障害となり，脳波はフラット・自発呼吸は可・経管栄養での身体管理となった重度脳障害患者への長期スピリチュアルケアとして長期の関わりとなった音楽療法では，さまざまな音響を試して，変化が得られるものを探る中，家族の声の録音源で脳波ボルテージが幾分上昇し，聴覚刺激が入力されることを確認した。その後，クライアントの息に共鳴した響きの歌いかけのセッションを届ける中，表情筋が緩む・腸のグル音が増加するなどが観察され，緩んだ身体への変化が得られた。他には，不随意運動の亢進も生じた。皮膚温計測により，歌いかけのみでも，体温の有意な上昇（$p < 0.0178$）があり，関わりがクライアントの身体を緩めており，心地よい時間は過ごしていただけているのではないかということを家族とも共有した。長期の関わりの中で少しずつ信頼をいただき，家族の現実受容などへも働きかけができ，別途のカウンセリング依頼も受けサポートを広げられた。寝たきり・反応のないクライアントと関わることは，スピリチュアルな次元まで降りていってその人を体験しようとする姿勢が求められる。そこで見つけた感覚を糸口に，セッションを紡いでいった事例である。

9. 音を使ったワーク

ワーク1：サウンドエデュケーション「イヤークリーニング」

しばらく，静かに時を過ごします。耳に届いてくる音（聞こえる），耳を澄まして聴く音を味わいます。どんな音に出会うでしょうか。

ワーク2：サウンドエデュケーション「今は2度と聞けない，私だけの大事な音」

今はもう2度と聞けない，私だけの大切な音の場面へと移動します。イメージに手伝ってもらって，場面を立ち上げ，その音を身体に刻みます

ワーク3：縄文人の音をイメージしてみます（図11－4：縄文真脇遺跡の写真）

ストーンサークルならぬ，栗の木でできたウッドサークルが村の中心に立っています。何のために作られたかは，不明とされています。このサークルの中で音叉を鳴らすと周りの木に反響して音がぐるぐる回ります。祝詞を上げると，縦一直線に天に向かって響きます。このサークルの役割は何だったのでしょう。

図11－4　縄文真脇遺跡（筆者撮影）

図 11－5　オノマトペ用①

図 11－6　オノマトペ用②

（筆者撮影）

ワーク 4：オノマトペつくり（図 11－5，図 11－6：オノマトペ用）

オノマトペは，自然界の音･声，物事の状態や動きなどを音（おん）で象徴的に表した表現と説明しました。この写真から聞こえる音を描いてみてください。

10. さいごに

この章では，「音・音楽と人との響き合い」というテーマで筆を進めてきたが，イメージを考えるときに，私「の」イメージ・私「が」イメージするという視点だけでは捉えきれず，イメージという生き物が，クライアントとセラピストとを同時につないで存在しているという感覚を持ってセッションに当たっていくことが大切ではないかと考えられる。

イメージは，各自の身体を器として宿るので，言語的背景（知識・記憶・経験）の影響するイメージから入っても，イメージが受肉すると主体として動き出す。理解や解釈とは異なる次元の体感を基とするそのわからなさ，不安定さに慣れる必要も生じるだろう。人との交流の場に存在しているイメージは，言葉がやり取りされているときにももちろんそこに存在しているが，言葉があるがゆえに隠れがちなこともある。音楽的体験では，それがより顕わになりやすい。わかろうとして，イメージに安易に言葉を当てはめる前に，まず身体で感じてみること，味わってみることを勧めたい。

では，その器として，私たちは何を培ったらよいだろう。ワークも1つの練習として活用してほしいと思うが，音楽療法を通して気づくことは，「歌えないからだ」は抑制されたからだであり，閉じ込められているのは？ 表現したがっているのは？ イキイキしたいのは？ と問いかけてつながりを探っていく姿勢の必要である。一方，「歌えるからだ」は，抑制が解除されており，地声，つまり「わたし」を否定しない音が発せられている。「わたし」と向き合い，negative も positive も受け入れ，音楽のもたらす笑いで身体の快感・無邪気さを体験しつつ，それまでの身体からの解放が促される。

身体が変わると，認知も変化する。治してもらうではなく治る，歌わされるではなく歌いたい，してもらう・させられるではなく「する」へ転換した，主体的変化の音連れである（同時に，変化であるのでそれまでの均衡を崩し，新たな試練とも出会う）。声に出す・声にすることで，イマジネーションとの響き合いが始まる。

竹内敏晴（1999）は，「ひとの身になる」響きあうからだという視点から，「皮膚の下に潜り込む」という観察（体験）の在り様に触れている。その中で，「まねる」という行為を通して，その人が何を目的として動作しているのかをからだで知っていくことを「身になる」と表現している。言葉による理解で「知る」という行為では届ききれない何かに接近していける人間にとって根源的な行為であるという。「まねる」とは，その人になって，その人の目で世界を見，働きかけること，言い換えると「身になる」とは，「主体としてのからだになる」こと。その人が自分でも気づいていないからだのあり方も含めて，その人が生き，関わろうとしている対象とリズムを感じ取ることにほかならないという提言は，イメージをキャッチできるからだつくりとしてとても大切に思われる。

これを音楽に落とすと，音をまねるのみではなく，拍をまねる・間をまねる・揺れをまねるを伴って，耳を開いていくということに通じるかと思う。耳を開き，耳を澄ますと，からだが澄んでくる。このような態度をベースに「イメージする」が構築していく。クライアント―セラピスト双方のからだが生きていれば，響存（作業を通した共鳴）が起こり，交流が実現すると考えられる。

身になって感じる身体つくりとして，山中康裕（2023）の伝える技法を最後に記したい。描画法の記述の際に，「描写記述」と呼ぶイメージを極力言語化して描写することを徹底して行っているという。「極力言語化することに専心すれば，つまり，患者が描いたものを徹底的に共通言語に変換することに成功すれば『患者が何を言わんとしていたかが，おのずから明らかになる』ことに気づいた」と解釈からの解放とも呼べるような姿勢を記しているが，この感覚は，音・音楽との関わりにも共通する。その場に存在した音を臨場感をもって記述する力を身につけていくことで，交流が何であったかを振り返る臨床力も高まっていくだろう。ある高僧は，こう言っている。「あなたが音楽療法をしている人なら，川のせせらぎに耳を傾けるだろう。だが本当に聴かなければいけないのは，川底を流れ動く石の音だ。石の音に耳を澄ませなさい」。(なお，放送教材では音を使ったワークも体験していただきたい。)

〉〉注記

(1)「同質の原理」：心の状態と同質の音楽を聴くことで，感情のバランス修復し回復が促進されると考えられ，気持ちが沈んだときには，ゆったりした暗めの音楽，イライラするときには，ビートのある音楽が適しているとされている。また，「レベルアタック」という，同質から，展開していく技法もある。

参考文献

海老澤敏.「音楽療法の原点と源流」(音楽芸術　特集『音楽における癒しとは〜音楽療法の現在』). 音楽之友社，1998.

カール・ケレーニイ（岡田素之訳).「医神アスクレピオス　生と死をめぐる神話の旅」. 白水社，1997.

Clark, I. N. & Tamplin, J.「How Music Can Influence the Body: Perspectives From Current Research」. Voices, Vol.16, No.2, 2016.

森井啓二.「光の魂たち　山岳編」. きれい・ねっと，2022.

佐藤公治.「音を創る，音を聴く　音楽の協同的生成」. 新曜社，2012.

多田・フォン・トゥヴィッケル・房代.「楽の音　ドイツの森と風のなかで」. みなも書房，2022.

竹内敏晴.「癒える力」. 晶文社，1999.

山中康裕.「表現療法におけるパラドックス」. 精神療法第 49 巻第 1 号 72-73. 金剛出版，2023.

第 12 章関連 column

12　イメージの現場から 1

―― 異文化と芸術療法（アートセラピー）――

森里子

木で作ったクラフト（筆者撮影）

《学習のポイント》「異文化」に接触し，適応しようとする過程で生じるストレスに対して芸術療法（アートセラピー）はどのような心理的援助となり得るか，理論と具体例を通して学ぶ。またその際の注意点について理解する。
《キーワード》 異文化，芸術療法（アートセラピー），非言語的コミュニケーション，安心・安全な場，相違性と相似性，感覚詩／交互感覚詩

1．異文化のイメージ

「異文化」という言葉を聞いて，受講生の皆さんはどのようなイメージを連想するだろうか。一般的には外国の文化を連想する人が多いようだが，広辞苑（第七版・2018）によると「生活様式や宗教などが自分の生活圏と異なる文化」とあり，「自分の生活圏」の範囲ははっきり設定されておらず，必ずしも外国の文化とは限らないようである。また，大辞林（第四版・2019）には「価値観や言語，習慣や行動様式など，自分が親しんでいる文化とは規範・営みの異なる文化」と書かれている。ここでも「自分が親しんでいる」とはどの程度を指すのかは明確ではない。つまり，日本人同士の間でも価値観や習慣が異なる場合は「異文化」と言える（例：関東と関西）だろうし，世代の違いを「異文化」と捉える場合もあるだろう。職種の違いも「異文化」であろうし，同じ業種でも個々の会社・組織によって文化は異なる。また，同じ家族間でも兄弟でスポーツや音楽などの趣味嗜好が異なることも「異文化」と言えそうである。このように，いたるところに「異文化」は存在し，その文化差の質の違いや与えるインパクトも大小さまざまである。そのような幅広い概念である「異文化」だが，この章では筆者の専門である芸術療法（アートセラピー）が，「異文化」に接触し，適応しようとする過程で生じるストレスに対してどのような心理的援助となり得るか，筆者の留学や実

務経験を題材にして論じていきたい。

2. 異文化と心理臨床の場

（1）異文化変容ストレス

異文化変容ストレス（acculturative stress）とは，異なる文化圏で生活し，新しい文化に適応しようとする際に，生活習慣の違いや，意志や感情の伝達がうまくいかないことなどから生じるストレスのことである。異なる文化圏にまたがる生活経験によって誰もが経験するものであり，それまで健常であった人でも不適応状態になりやすい。そのための心理的援助の一つとして「異文化間カウンセリング」という分野がある。心理学辞典（1999）によると，対象者としては，①「カルチャーショックや孤独感などがきっかけとなって日常生活に不適応を起こしたタイプ」，②「すでにある文化に適応する中で，どの程度独自性を保つかというアイデンティティの葛藤が実存的な悩みとなるタイプ」の大きく2タイプに分かれるという。どのような心理的援助の方法が適しているかは「クライエントの文化圏による違い」があり，異文化間カウンセリングの目的としては，「文化の違いという抽象的なレベルにこだわるよりも，その文化における社会的規則，社会的スキルなどを身に付けることを目的とした適応トレーニング的な介入が功を奏しやすい」とされている。対象者タイプ①にとってはそのような介入が適しており，即効性があるだろう。だが，マーフィ重松（2001）が異文化間メンタルヘルスに従事するセラピストに求められる能力として，「それぞれの文化に特有の一般化された知識の獲得だけでなく，文化間の境界の複雑さと，1人の人の中にある文化的現実の多層性を受け容れること（p.14）」を挙げているように，異文化変容ストレスに対応するにはその複雑さと多層性を受容する必要があり，それは明確に言葉で表すことはしばしば困難である。そのため，タイプ②のような深い悩みに対しては，むしろ抽象的なレベル，つまり，“文化の違いを理性的には理解しているが，感情的には処理できない言葉にならない想い”の存在を認め，関わっていく必要があると考えられる。それゆえに，そういった想いをイメージとして具現化する芸術療法というアプローチは，非言語的コミュニケーションを活用した介入方法として，論理による理解とは異なる次元でのクライエント理解および心理的援助として有用である。

（2）非言語的コミュニケーションの注意点

だが，言語的コミュニケーションが不十分なクライエントとの面接場面において，非言語的コミュニケーションのみに頼りすぎる心理的援助は危険である。なぜなら想定外のことが起きたときに言葉でフォローできないからである。「異文化」という要素がある心理臨床の場では想定外のことが起こりやすい。その代表的な要因を３つ説明する。

① 自文化の存在

自文化とは，自分がすでに習得し最も慣れ親しんでいる行動および生活の様式や価値観である。自文化の中だけで生活している間はその存在に気づきにくいが，異文化と接触して初めて自文化を実感することが多い。筆者はイギリスの大学院にて芸術療法を学んだが，その留学中に自文化を認識していなかったためにクライエントの絵画表現に戸惑ったり，自分の描いたイメージが理解されていないと感じて落胆した経験があった。例えば，大学院のグループ・スーパービジョンにて，実習先のクライエントが描いた「青いタコ（海に棲む生物）」の絵を筆者が説明したときのことである。「このタコは怯えているように見える」と筆者は説明し，その理由を「タコが青い顔をしているから」と述べた。すると，現地人のスーパーバイザーやクラスメイトたちから「考えすぎだ。青いタコは普通だ」と指摘され，「タコは赤く描かれるものだ」という自分の中の常識は，イギリスでは通用しないことにそのとき初めて気づいた。タコを食べる習慣のある日本では茹でられて赤くなったタコを見ることが多いため，タコは赤いという印象が出来上がっている。だが，日本独特の食文化とタコの色とのつながりについては意識できておらず，世界中どこでもタコは赤く描かれると筆者は思いこんでいたのである。このように，色などの非言語的要素においては，自文化の存在について認識しにくい。違いに気がついたときに言語的に話し合うことができなければ，誤解や疎外感の原因となってしまうだろう。

②　既存の理論に潜在する文化的な偏り

また，多くの心理（精神）療法における理論や精神疾患の診断基準は，主に欧米における患者の研究から導き出されており，記述されている精神障害が欧米以外の文化圏において完全に対応できるかどうかは不確かなところがある。例えば，「雨中人物画テスト[(1)]」という描画テストにおいて，一般的に「雨」は不快なストレスや不適応感が象徴的に表現され，その中にいる「人物（私）」がどのように「雨」に対処しているかに，ストレスに対する防衛や適応のスタイルが現れるとされるが，Vernisら（1974）によると砂漠が身近にある地域（北アフリカや中東など）での成育歴がある人にとっては「雨」は天からの恵みであり，むしろ喜びや貴重さのイメージがあるという。この地域出身の人にとって「雨」はストレスとは結びつかないのである。この描画テストを考案したアメリカの心理学者にとって，この状況は想定外であっただろう。このような既存の理論における文化的な偏りが潜在している可能性について，セラピストは感受性を高める必要がある。心理療法に関する理論を学ぶことは必須だが，それが自分の接するクライエントの理解に適切かどうか，意識して自分の臨床感覚と照らし合わせる姿勢が求められる。そして違和感に気づいたときには，やはり言語的に話し合ってお互いに理解することが不可欠である。

③　無意識──非合理的なイメージ

　また，これは異文化であるなしにかかわらず芸術療法全般に言えることであるが，「無意識」の表現もまたクライエントとセラピスト双方にとって想定外となり得る要素である。Wallace（1987／2001）は，「光の当たらない無意識のなかに存在している内容はどんなものでも，それ自身の生命を持っていて，意識に影響を与える（p.140）」ため，芸術療法の中で目に見える形で無意識が表現され，自分でも知らなかった心の有り様と出会うことがある。それにより，自分の心の深い理解や治癒がもたらされると述べている。だが，「無意識を受け容れる時，そこには報酬と危険がともに存在する（p.141）」と注意を促している。なぜなら無意識はしばしば非合理的なものであり，クライエントを圧倒し混乱させることがあるためである。心理臨床の場において，無意識がイメージとして表現されたことによる衝撃や混乱を理解し，受容し，現実とつなげるには，セラピストによる的確な言語による関わりが必須である。

　以上のことから，「異文化」の要素が含まれる心理臨床の場面では，非言語的コミュニケーションに過度に依存することは危険であることを，理解しておくべきである。想定外の状況に対応するための言語的な意思疎通による支えがあってこそ，非言語的コミュニケーションによる心理的援助は成り立っているのである。

3. 異文化と芸術療法（アートセラピー）の場

（1）芸術療法における安心・安全な場とは

非言語的コミュニケーションの注意点を踏まえ，では芸術療法がクライエントにとって安心して自己表現ができる安全な治療の場であるとはどのようなことなのか考えてみたい。筆者は芸術療法（主に絵画療法）の現場において，スタッフや患者から「私は絵が下手なので・センスがないので，芸術療法はわからない･遠慮したい」と言われることがある。また,「絵を見て性格を分析されるんでしょう」と怖がられることもある。こういった意見の背景には，技術的な自信のなさ，そして他者と比べて評価されることや無意識的に自分の知らない部分（それはしばしば自分で受容しにくい部分であることが多い）が他者に知られてしまう恐れの存在があり，それにより自尊心が傷つくことを避けたい気持ちが存在する。このような気持ちになることを心配しなくてよい場，つまり“どのような自分を表現しても受け入れられる場”が，芸術療法における安心･安全な場であるといえる。

そのような場が具体的にどのような要素で成り立っているかを，筆者がイギリス留学時代に経験した詩作グループでの体験を通して説明したい。これは心理臨床の現場ではなかったのだが，今振り返ると詩作という芸術を媒介として安心・安全な場が作られ，その中で自分にとっての異文化変容ストレスが緩和された体験であったという点で，芸術療法的な場[(2)]であったと感じている。また，この体験は言葉にならない想いを芸術的表現として具現化するプロセスについての説明なので，詩作以外の表現方法においても共通する点があると言える。

（2）感覚詩について

その筆者の詩作体験について詳しく説明する。当時住んでいたアパートの家主（イギリス人）が，本業は内科医師なのだが趣味で詩人として活動していた。その家主に詩作のワークショップや発表会にしばしば誘われたが，筆者は英語力に自信がなく，詩作はおろか俳句でさえ日常的に取り組んだことはなかったため，英語での詩作など絶対に無理だろうと最初はかなり躊躇した。だが，その家主の人柄に対する信頼感，そしてグループが筆者を含め日本人２～３名と家主を含めたイギリス人３～４名で構成される小集団であったことから，勇気を出してある日参加することにした。結果として，それは自分にとって意外なほど楽しい体験となったのである。まず詩作の方法にはさまざまなものがあることを初めて知った。その中でも特に「感覚詩（センサリー・ポエム Sensory Poem ／ Five Senses Poem）」という五感に意識を向けて作る詩作方法との出会いは印象的であった。それは自分を取り巻く環境を豊かに感じ，かつ自身の感情に気づく体験となったからである。異国の地と素の自分とのつながりを感じ，「ありのままの自分で，この場にいてもよい」と認められたような安心感を得たことを覚えている。

その「感覚詩」について概要をここに説明する。欧米圏にて「感覚詩」という詩作[(3)]の手法は広く知られており，さまざまな種類の型がある。基本的な作り方は，まずテーマを決め，次にそのテーマについて色を思い浮かべる。その後に“I hear ～（わたしには～が聞こえる），I smell ～（わたしは～の（ような）匂いを感じる），I see ～（わたしは～（のよう）に見える），I feel ～（わたしは～を（触感として）感じる），I taste ～（わたしは～の（ような）味を感じる）”と五感の感覚それぞれから感じたことを言葉に表現し，最終的に“It's ～（それは～です。）”とまとめの言葉を添える。これが典型的な型である。一つのテーマについて，自分の五感に意識を向けながら自分の言葉を探し，自身の感覚について掘り下げる詩作法である。

そしてその詩作のグループでは，完成した詩をグループの中で発表する時間があった。初めは緊張し勇気のいる場面であったが，言葉の上手下手にとらわれず参加者同士の持ち味を感じ，お互いに純粋に関心を持つことができる場であった。

（3）相違性と相似性――「異文化」の受容

この詩作体験の治療的な要素について，「相違性」と「相似性」という点から述べる。マーフィ重松（2001）は，異文化の背景を持つクライエントに対するセラピストの感受性について，「相違性と相似性の視点をいかにバランスよく持つか（p.221）」が大切であり，この二つの視点のバランスをとることで，「クライエントがその人らしい独自性をもっていることに気づく（p.221）」ことができると述べている。また，「明らかに異なる文化の間でも，共有される価値観（p.221）」という「相似」があり，「相違と相似は互いに排他的なものではなく，明らかに共存し，クライエントの文化的状況を知るために共に理解されなくてはならない。（p.221）」と述べている。

感覚詩制作における「相違性」は，五感という自分の体感を出発点とするところにある。感覚詩は完全に論理的に話す必要はなく，自分の感覚を表すために最適だと感じた言葉を，感覚詩の型に当てはめるだけで作品となる。その簡便さもあり，これならできそうだという安心感が芽生え，自らの感覚に集中してしっくりくる言葉を探そうという気持ちが促される。ケイスとダリー（1992／1997）は「（芸術療法で）重要なことは，セラピストが巧みな解釈で満足することよりもむしろ，クライエントが自己発見をすることである。（p.144）」と述べている。クライエント自身が素の自分に注意を向け，本人なりの気づきを生み出すことが重要なのである。自身での気づきは嘘偽りのないものであり，本来上手・下手も関係ないものである。このような気づきが促進され，自分にとっての意味の発見や自己肯定感につながる。すると，自分の作品をどう見られるかがあまり気にならなくなるのである。また，他者の作品を聴くときも，表面的な言葉の意味だけを捉えるのではなく，その人の五感から発せられた言葉を総合して，「その人らしさ」をイメージとして捉えることができた。それゆえにお互いの「相違性」を受け入れやすく，純粋に関心を持つことができたのだと思う。

そして，感覚詩制作における「相似性」は，シェアリング[(4)]の際に作品を共に味わうことで，グループメンバーとのつながりやその中にある「共有される価値観」として感じられた。Mottram（1999）が異文化の背景を持つクライエントとの事例において，「互いの別々の視点を利用することで，より広い文脈での探求と発見が可能になった。私たちの間で，個人的な意味だけでなく共有された意味が生まれた。(p.112)」と述べているように，作品をシェアリングすることで，個々に生み出されたイメージを共有し，展開し，探求する関わりを持つことになる。他者からのコメントを通してさらに自己への気づきが深まる体験でもあり，その過程で作品が自分だけのものではなく，信頼関係のある他者（心理臨床の場ではセラピストやグループメンバーなど）がいる場だからこそ生み出された体験となるのである。それは，芸術療法における安心・安全な場の要素として“どのような自分を表現しても受け入れられる”という安心感を培う。このような安心感がこの詩作グループに備わっていたため，筆者の技術的な自信のなさや苦手意識（英語の語彙・文法や詩作に対して）や他者と比べてしまう視点（ネイティブや他の日本人と比べて），自分の中の受け入れられない要素（英語表現や詩作の知識不足や能力不足）などが気にならない場として感じたのだと思われる。

以上のように，感覚詩制作を通して「相似性」が感じられる場の中で自身の「相違性」を表現したことは,「異文化」の背景を持つ他のグループメンバーと“自分らしさが傷つくことなく共に存在できる体験”となったと考えられる。そして，それが「異文化」の受容，つまり異文化変容ストレスの緩和につながったと思われる。

4. 異文化と芸術療法の具体例(5)――交互感覚詩(6)を用いて

前節の感覚詩にみる芸術療法における安心･安全な場の要素を踏まえ，筆者の現場での実践から「交互感覚詩」とその具体例を紹介する。「交互感覚詩」とは，前述の「感覚詩」をセラピストとクライエントが交互に感覚を担当して一つの作品を作成する技法である。Winnicott（1971／1979）の「スクィグル･ゲーム」や山中康裕（1990）の「MSSM法」，中里均（1978）の「交互色彩分割法」などの，治療者とクライエントが交互に表現上のやり取りをして一つのイメージを作る面接技法や，連句療法の「付け合い」という技法から着想を得ており，「感覚詩」にさらに治療的な関わりとしての要素を加えた技法であると言える。異文化の背景を持つクライエントにこの交互感覚詩を用いた事例をここに紹介する。

事例：Aさんは50代の女性で，あるスペイン語圏の国の出身である。約20年前に来日し，日本人男性と国際結婚をしている。原因不明の歩行障害が見られ，身体表現性障害と診断されている。月1回の精神科医師による診察と公認心理師／臨床心理士によるカウンセリングに加え，陶芸療法と絵画療法（筆者が担当）にそれぞれ月に2回ずつ参加している。絵画療法では普段はさまざまな画材で作画に取り組まれているが，会話（主に日本語だが英語やスペイン語も混在）を通して，A さんの日本語表現における自信のなさが自己肯定感を低下させ，他者とのつながりを自ら諦める傾向があることを感じた。例えば，話している最中に言葉に詰まり「日本語は得意じゃない」と言って，話すことを途中でやめてしまうときなどである。そこで作画が一段落した際に，交互感覚詩づくりを行った（表 12 - 1）。テーマは現在 A さんが住んでいる地域とした（個人情報保護のため詩の中の具体的地名は伏せている）。表の中の AT（Art Therapist）は筆者である。

短い詩であるが，これが完成されるまでに 2 回の療法時間を要した。前半の味覚の行で筆者が書いた「とうふ」を読んで，A さんは触覚の行を書く前に「陶芸療法での粘土のやわらかさ」を連想したと話され，

表 12 - 1　異文化の背景を持つ人との交互感覚詩の例
テーマ『＊＊＊＊（地名）』

感覚	担当	前半	担当	後半
視覚	A さん	わたしの＊＊＊＊は緑色	AT	わたしの＊＊＊＊は透きとおった色
嗅覚	AT	それは，お茶の香りがして	A さん	それは，キンモクセイの香りがして
聴覚	A さん	風の音を奏で	AT	川が流れる音を奏で
味覚	AT	とうふの味がして	A さん	白いごはんの味がして
触覚	A さん	さわると，デリケート（やわらかくて，優美で，やさしい）	A さん	（さわると）稲穂のさらさらしたかんじ，大好き！
総合イメージ	A さん	＊＊＊＊は，わたしにとって“静かで伝統的なところ”です。	A さん	＊＊＊＊は，わたしにとって“やさしいところ”です。

そのイメージを元に触覚の行を試行錯誤しながら書いた。ここでの言葉での関わりは，単なる情報としてだけでなく体感を伴ったイメージを筆者と共有しながら，普通の文脈では意識にのぼらない A さんの独自の体験が触発され，想起されたと考えられる。つまり「やわらかい」というイメージを共有する「相似性」の体験が，クライエントの独自の経験である陶芸という「相違性」を表現するきっかけを提供できたと考えられる。

また，詩の後半は交互になっていないところがあるが，それは詩作の過程で徐々に A さんの自己肯定感が高まり，それが話す意欲につながり，その結果として自発的な言葉が出てきたためであると感じられた。後半の触覚の行では，A さんは自身のスマホの中の稲穂の写真を筆者に見せ，田んぼに近寄って稲穂を触ったときの喜びを詳しく説明してくれた。日本では一般的に稲穂は，「金色に輝く稲穂」などの表現にあるように視覚的な美しさで語られることが多いと筆者が伝えたところ，A さんは自身が触覚に対して特に敏感なところがあるかもしれないという気づきを得たようだった。そこからしばらく触覚について話し合い，日本での生活では，身体的な接触が祖国と比べて少ないため寂しさを感じていることや，ダンスの際に男性が女性の手に優しく触れることに安心感や愛情を感じていたことを思い出して話され，A さんにとって触覚は重要な意味を持っていることをお互いに理解することができた。

A さんの歩行障害という身体症状には，地に足のついた感覚が持てないという，いわば異国に住む心細さが表れているのかもしれない。A さんに必要なものは周囲の環境とのつながりをしっかりと感じることであると考えられ，交互感覚詩を用いた関わりはその手がかりとなったと思われる。A さんはこの交互感覚詩の中で，AT（筆者）とのイメージの共有というかたちで「相似性」が非言語的に体感として感じられ，その体感による安心感の中で自己への気づきという「相違性」の表現が促進されたと考えられる。クライエントに異文化の要素が強い場合，セラピストは「相違性」的な表現のみに着目しがちだが，「相似性」へ意識を向ける関わりが同時に同程度あることが安心・安全な治療的な場をつくると思われる。

5. おわりに

クライエントの“言葉にならない想い”を芸術という媒体で具現化することが芸術療法の特長である。異文化変容ストレスに対して芸術療法が有効な心理的援助となるには，クライエントの心の中にあるイメージを共有する姿勢と，表面的な表現だけに着目するのではなく，表現が生み出される土台となるクライエント自身の固有の感覚があり，それらが統合されたイメージが作品に現れているととらえる視点が大切であると思われる。

放送授業では，台湾の芸術療法士らへのインタビューと，彼らとの交互感覚詩作成を通して，異文化と芸術療法についてさらに理解を深めていく（口絵５～７）。

〉〉注記

(1)「雨中人物画テスト（Draw-a-Person-in-the-Rain test）」：米国の心理学者 E.F. Hammer が『Clinical Application of Projective Drawings』（N.Y., C.C. Thomas, 1958）の中で紹介した投影描画法。「雨の中の私（原法では「一人の人」）を描いてください」という教示によりクライエントに絵を描いてもらう。日本では，1980 年代に浜松医科大学精神神経科の研究グループにより病院臨床へ導入された。

(2) 芸術療法的な場であった：この場合の芸術療法は「治療」と言うよりも，「予防的な介入」としての要素が強く，異文化における「メンタルヘルス（心の健康）の一助」と言った方が適切かもしれない。

(3) 欧米圏にて詩作：イギリスでは10月の第1木曜日がポエムの日（National Poetry Day），アメリカでは4月がポエムの月（National Poetry Month）として設定されており，小・中学校で詩作に関する行事が行われるなど詩作が自己表現の機会として奨励されている。

(4) シェアリング：療法での体験や作品について感想を話し合うこと。

(5) 具体例：ここでの感覚詩の型は，志村（2008）による「私の家族，その色は（　　），それは（　　）を奏で，また（　　）の感触があり，（　　）の匂いがして，それは（　　）をもたらす」を参考にしている。また，この事例は当教材での使用について本人の了承を得ており，個人情報保護のための配慮をして掲載している。

(6) 交互感覚詩：筆者が2008年頃から職員研修や療法場面において実施し，良い反応や成果を感じている技法である。

引用文献

Case C. and Dalley T.　The Handbook of Art Therapy, Routledge, London, 1992.（芸術療法ハンドブック．岡昌之（監訳）．誠信書房，1997）

マーフィ重松, S（辻井弘美 訳）．多文化間カウンセリングの物語．東京大学出版会，2001.

Mottram P. 'My God Look at Me!'　In Campbell J., Liebmann M., Brooks F., Jones J. and Ward C.（Eds.）*Art Therapy, Race and Culture*. London: Jessica Kingsley Publishers，103-116，1999.

中島義明・安藤清志・子安増生・坂野雄二・繁桝算男・立花政夫・箱田裕司 編．心理学辞典．有斐閣，1999.

中里均．交互色彩分割法――その手技から精神医療における位置づけまで――．日本芸術療法学会誌 Vol.9．17-24，1978.

Vernis, J.S., Lichtenberg, E.F. and Henreich, L. The draw-a-person-in-the-rain technique: its relationship to diagnostic category and other personality indicators. Journal of Clinical Psychology 30（3），407-414，1974.

Wallace, E. Healing through the Visual Arts——A Jungian Approach. In Rubin J.A.（Eds.） Approaches to Art Therapy: Theory and Technique, Brunner/Mazel, Inc., Essex, U.K.（1987） 114-133.（エディス・ウォリス　視覚的芸術を通しての治癒——ユング派的アプローチ．徳田良仁（監訳）．芸術療法の理論と技法．誠信書房，140-166，2001.）

Winnicott, D.W. Playing and Reality. London: Tavistock Publications Ltd（1971）（遊ぶことと現実．橋本雅雄 訳．岩崎学術出版社，1979.）

山中康裕．絵画療法とイメージ——MSSM 法の紹介を兼ねて．水島恵一（編）．イメージの心理とセラピー　現代のエスプリ．275．1990.

参考文献

藤田里子・中川龍治・馬場俊一・田崎史江．イギリスの精神科デイケア施設でのアーツセラピー・グループワーク——日本庭園を造るプロジェクトと絵画造形のショート・プログラムの併行方式——．西日本芸術療法学会誌，34，22-28，2007.

Hiscox Anna R. and Calisch Abby C.（Eds.） Tapestry of Cultural Issues in Art Therapy. London: Jessica Kingsley Publishers，1998.

Landgarten H.B. Magazine Photo Collage——A Multicultural Assessment and treatment technique NY: Brunner Routledge, Inc. 1993.（近喰ふじ子・森谷寛之・杉浦京子・入江茂・服部令子（訳）．マガジン・フォト・コラージュ——心理査定と治療技法．誠信書房，2003.）

宮地尚子．こころのライブラリー（6）異文化を生きる．星和書店，2002.

森里子．南米移民二世の軽度認知症女性の箱庭にみるアイデンティティの葛藤と老年期の心理社会的発達過程．箱庭療法学研究，35（3）29-40，2023.

野田文隆・秋山剛 編著．多文化間精神医学会監修．あなたにもできる外国人へのこころの支援　多文化共生時代のガイドブック．岩崎学術出版社，2016.

志村実夫．ワークショップ文芸——ものがたりを紡ぐ．西日本芸術療法学会誌，36，23，2008.

Tan, S. The ARRIVAL Hachette, Australia，2006.（ショーン・タン　アライバル．河出書房新社，2011.）

渡辺文夫 編著．異文化接触の心理学——その現状と理論．川島書店，1995.

13　イメージの現場から２

── 精神科病院における芸術療法 ──

中川龍治　　森里子

アートセラピー美術館（筆者撮影）

《学習のポイント》 日本における芸術療法の歴史と精神科医療機関における芸術療法を成り立たせている「治療的枠組み」について理解する。また，統合失調症患者および認知症高齢者の事例を通して，イメージ表現の治療的な働きや芸術療法を実践する際の要点について現場の視点で考える。
《キーワード》 精神科病院，絵画療法，治療的枠組み，統合失調症患者，認知症高齢者，アートセラピー美術館

1．治療の場における芸術療法

（1）日本における芸術療法の歴史と特徴

日本の芸術療法の歴史と特徴について，1969年に設立された日本芸術療法学会（The Japanese Society of Psychopathology of Expression and Arts Therapy 現在会員約1000人）の歴史をたどることで説明する。国際表現精神病理学会（The Societe de Psychopathologie de L'Expression（SIPE））[(1)]が1959年にイタリアのVeronaにて設立されたが，その日本支部として1968年に精神科医師が中心となって発足した日本芸術療法研究会がその前身である。現在，「日本芸術療法学会は，芸術療法の諸領域ならびに表現精神病理学における学術研究の進展と専門技術の普及を図ることを目的とした学会」と公式ホームページに定義され，学会員は医師だけでなく心理系職種，作業療法士，看護師，ケースワーカー，音楽家，画家，教師など多彩な職種で構成されている。米国では医師とその他の職種はそれぞれ独立して学会活動等をしているが，日本では芸術療法学会を構成する会員が多職種であることで，意識性の豊かさや立場の相違をむしろ利点として交流しあっている（徳田，1998，p.20）。また，SIPEが表現病理の研究重視であるのに対して，日本芸術療法学会は芸術療法の理論と表現病理学が基礎にありつつも，設

立当初から治療学としての視点を有しており，医療活動・治療行為としての実践上の意義と技法の研究について議論と研鑽を重ねてきた。絵画（造形含む）をはじめ，音楽，詩歌（俳句・連句），箱庭，陶芸，ダンス・ムーブメント，心理劇，園芸などさまざまな芸術活動のジャンルで実践と研究が精力的になされ，次第にそれらのジャンルの拡張的研究と臨床心理学的研究，さらには臨床的図形テストと絵画療法，表現病理学との融合などへと発展・拡大するようになった（徳田，1998，p.20）。また，2004年には当学会認定の芸術療法士認定制度が発足した。芸術療法士は医療現場に限らず，教育や司法などさまざまな現場でその専門性を発揮していくことが期待されている。

（2）治療の場における芸術療法

芸術療法という名称を用いず，創造性に重きを置いて精神科病院の中で造形活動を行っている場や，精神科患者（以下，患者と記す）の就労支援の一環として芸術（絵画のみならず造形的表現も含むアート全般）を活かした場も存在する。芸術はさまざまな形態となって患者を支える現場で活用されているが，「治療の場における芸術療法」はそれらの場の活動とどう違うのだろうか。つまり，芸術療法を治療もしくはセラピーと言えるためには何が必要なのだろうか。そこで，黒川（2008，p.349）による創造的活動と治療の場の関係についての指摘から整理する。黒川は「創造的活動を治療の場に応用する営みは，そもそも相反する方向性を内包する」と述べ，治療が「ある一定の方法を用い，一定の効果を期待する営みである」ことに対し，「予測可能な成果しか生まない活動を創造的活動とは呼ばない」（黒川，2008）と指摘している。このような正反対な方向性が共存でき，かつ治療的となり得るために必要な要素は，現場に関わる者の共通認識として「治療的枠組み」が存在することであると筆者は考えている。つまり，患者にとって創造的活動を行う場は物理構造的（空間的・時間的）に安全で安心できる居場所であり，かつ治療者との秘密保持が約束される精神的（人員的・プログラム内容的）にも安全を感じられる場所を，規則的に（ある程度安定した頻度で）治療者が提供するということである。精神療法や心理カウンセリングなどの一対一で行う治療場面でもこの「構造化」や「枠」についての重要性は指摘されるところであるが，ここで述べる「治療的枠組み」というのは「同時・同期的に多職種で」その患者にあたる，という意味がある。具体的には，多職種で治療目標・方法等を共有し，その上に治療者が芸術療法を行う設定を構造化して適切な制限を設け，治療者側が予測できない表現であっても受容できる余裕のある環境を作るということである。そのような弾力性のある安全性を担保することで，患者自身の自発的な自己表現の可能性は開くのである。このような「治療的枠組み」づくりが，精神科医療における治療の場で芸術を活かすために必須の要素である。

また，このような考え方の「治療的枠組み」だけでなく，イメージ表現の力学（ダイナミクス）や表現水準の位相（トポロジー），制度論的作用（システム）等の意義を含んだより広い概念として，高江洲（2019, p.29）は「芸術療法とそれを包む場」として理論を展開している。芸術療法を成り立たせる「治療的枠組み」のさらなる理解のために参考にしてほしい。

そしてこの節の最後に，人員的な「治療的枠組み」としての治療者の働きについて述べておきたい。芸術療法にあたるスタッフは，治療者との間で起こってくる転移や抵抗など心理療法における知識や，患者の病態についての理解，そして，それらの経験が必須である（山中，1998, p.51）。さらに付け加えて言うと，芸術療法における治療者の態度は「治療者が治してあげる」という姿勢よりも，患者の自己治癒力を信じ，患者が表現した言葉にならないものに治療者が共感しながら，共に温めていくような姿勢が治療的な働きとなる。芸術療法で表現されるイメージは，治療者によって計画的・意図的に誘導されるものではない。表現されたものについて早急な解釈や判断はせず，ゆっくりと変容する患者の姿と行く先を，治療者は傍らでしっかり見届けるという姿勢が大切である。

2. 具体的な現場から1（統合失調症）

（1）嬉野温泉病院の「アートセラピー（芸術療法）美術館」(2)

この節では，嬉野温泉病院のアートセラピー美術館に展示されている作品の事例を通して，統合失調症の絵画療法の事例を説明する。アートセラピー美術館は，精神科患者への理解を深めるために，彼らの作品を常時展示できる美術館として1991年7月に嬉野温泉病院の敷地内に設立された。当初は，創設者の中川保孝が「精神科患者も普通の人と同じように絵を描くことができますよ」というメッセージを広く一般に伝えたいという思いがあり，健康的な側面や芸術的才能の要素が感じられる作品を中心に展示していた。その後何度か展示替えを行い，現在は「第三者に，患者によって多種多様で個性的な作画表現が存在することを知ってもらう場所である」ことを意識して展示している（展示は本人の了解を得ており，個人情報が示されることはない）。

放送授業では，紙幅の都合上印刷教材で説明することができなかった事例の作品も紹介する。絵画療法においては描き手の特性や治療者の関わりによってさまざまな治療的な働きが発現する。それぞれの作品と制作過程の説明を通して，作画がどのように治療的に働くかは一人一人異なることを感じてほしい。

(2)慢性期統合失調症の事例:A氏～朝顔の連作にみられた心の動き～[3]

この節では，作品（イメージ表現）と描き手とのつながり，そして「治療的枠組み」について事例を通して具体的に説明する。

事例：A氏（女性）統合失調症。20代半ば頃から幻聴が出現し，精神科病院に入退院を繰り返したのち，50代で当院に入院した。入院時は幻聴，被害妄想，独語，空笑，徘徊，拒薬，病識欠如，自閉などの症状がみられ，他患との交流もなく自室に引きこもっていた。この時期のカルテには「皆は壁の外が見えるのに私だけ見えません」というA氏の言葉が何度も記載されている。主治医の提案により，A氏は絵画療法室に毎日参加するようになった。四つ切画用紙にクレパスを用いてA氏は花を主に描画していたが，中でも朝顔を最も多く描いた。22年におよぶ入院期間の中の約9年間に描かれた合計109枚の朝顔について説明する（表13-1）。

初期の朝顔は写真13-1である。鉢植えに入り，支柱に絡まる一本の茎につぼみと開いた花が一つずつ付いている。朝顔を描き始めて1年

表13-1　朝顔連作の経過

朝顔作画	1月	2月	3月	4月	5月	6月	7月	8月	9月	10月	11月	12月	計
1年目								3	3				6
2年目								3	2	3			8
3年目							2	2	1				5
4年目								4	4				8
5年目							4	6 (6)	3 (3)	6 (4)			19 (13)
6年目					1	1		3	2 (2)	3 (2)	1 (1)		11 (5)
7年目	2 (2)	2	3 (1)	3 (1)	1		6	3	1	3	1	3	28 (4)
8年目	1	6	3		3	5	1	1			2	1	23
9年目	1												1
計	4 (2)	8	6 (1)	3 (1)	5	6	13	25 (6)	16 (5)	15 (6)	4 (1)	4	109 (22)

＊（　）の数字は「想像」の副題がつけられた数である。

後の経過記録には「今日は去年の朝顔を描きました。」という発言が見られ，A氏にとって朝顔が特別なモチーフであったことがうかがえる。そして，A氏は朝顔作画5年目（70歳頃）に，転機となる6枚連作の朝顔を描いた（写真13－2，写真13－3）。この連作には以下の3つの特徴がみられる：①主題である「あさがお」に「想像」という副題がある。②鉢植えに植わっているものは一つもない。③花は他と比較すると明らかに大きく，つぼみ無しのものが2枚描かれた（109枚の全朝顔のうち，この時期のみ）（写真13－3）。この連作の朝顔を描いていた時期は病状的には，盗られ妄想，被害妄想，奇異な服装・行動が継続してみられていたが，A氏の絵画療法全体の経過の中でも最も意欲的・積極的であった時期でもあった。そしてその6枚の連作朝顔を経てから，4枚の別のモチーフの絵を挟み，久しぶりに描かれた朝顔が写真13－4である。それ以降は，鉢に入った花とつぼみが一つずつある朝顔が最後（朝顔作画9年目・A氏70代半ば）（写真13－5）まで続いた。最後の朝顔を描いた翌年，「神様がやめなさいと言っている」と本人から訴えがあり，絵画療法室への参加は中止となった。その後は主に病棟にて作画を続け，80代で死亡退院により終結した。

A氏の事例を振り返ると，朝顔を平面的に簡略化・図案化し，同じような朝顔を何枚も描いて「イメージを自分の中に定着」させていたことが推測される。そして，実物を見ずに朝顔を描くことができることに自信が持てたとき，A氏は冒険，つま

写真13－1　あさがお
朝顔作画2年目の10月

写真 13－2　あさがお想像
朝顔作画 5 年目の 8 月

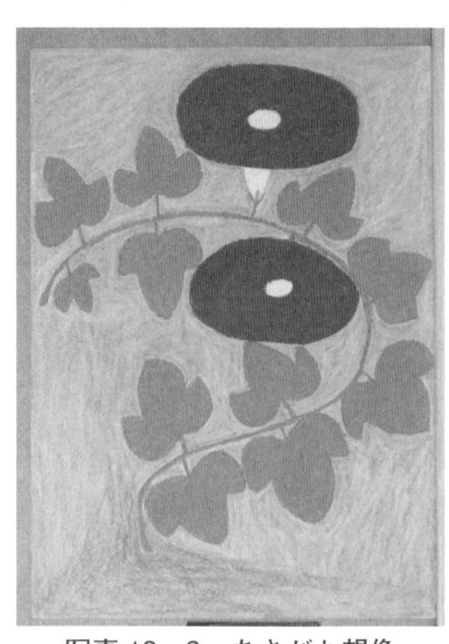

写真 13－3　あさがお想像
朝顔作画 5 年目の 8 月

写真 13－4　あさがお想像
朝顔作画 5 年目の 9 月

写真 13－5　あさがお
朝顔作画 9 年目の 1 月

り自由な自己表現を試みたと考えられる。それが6枚の連作である。A氏は入院中に両親を亡くし，現実として「帰る家」がなくなり，「壁の外」との接点を失ったという大きな喪失感があったと思われる。その喪失感を抱えたA氏は，現実世界との接点を新たに築く必要に迫られたと考えられる。そのような状況のA氏にとって，毎日病棟から絵画療法室へ出かけることは，現実社会に生きている自分を確かめることであり，「壁の外を見る」ことと同じ意味があったのではないだろうか。

また，6枚の朝顔連作において，自由な表現を希求する気持ちと何が出てくるか予想がつかない不安との間で葛藤し，結局冒険は一時的なものとして終わりを迎え，最終的には安定した鉢植えの中で支柱に巻きついて立つ朝顔に落ち着いた。朝顔の花や構図は，初期に描かれたものと最後に描かれたものとはほぼ同じであるが，連作後の朝顔は背景がすっきりした明るい色が多くなり，冒険後の清々しい心持ちが感じられる(写真13-4)。つまり朝顔はA氏の自己像であり，背景はA氏が感じている環境を表すと考えられる。

A氏にとっての絵画療法室における描画は，自身の幻覚・妄想の内的世界から一人で出ていく作業であり，自分自身を投影した「朝顔」という分身によって「壁の外に出る」という冒険をイメージの中で試み，そして折り合いをつけたという「生きていることを実感するための手段」であったと言える。このように振り返ると「壁の外を見たい」という入院時のA氏の言葉は，「自分を生きたい」という気持ちの表れだったように感じる。そしてそれは6枚の朝顔連作により，叶えられたのだと思われる。

この事例における「治療的枠組み」について，図13-1に示した。A氏の入院している病棟での日常生活と絵画療法室という非日常的な場所での時間的・空間的・プログラム内容的な「治療的枠組み」に加え，主治医や看護師，絵画療法士など，A 氏を多面的に理解している馴染みのスタッフや絵画療法室の他の参加者（セミ・クローズドグループ）という人員的な「治療的枠組み」があり，戻れる場所の日常があったからこそ，A 氏は冒険を試みることができたと考えられる。そして冒険後も大きく崩れず，むしろ一段明るい境地に至ることができたと言える。

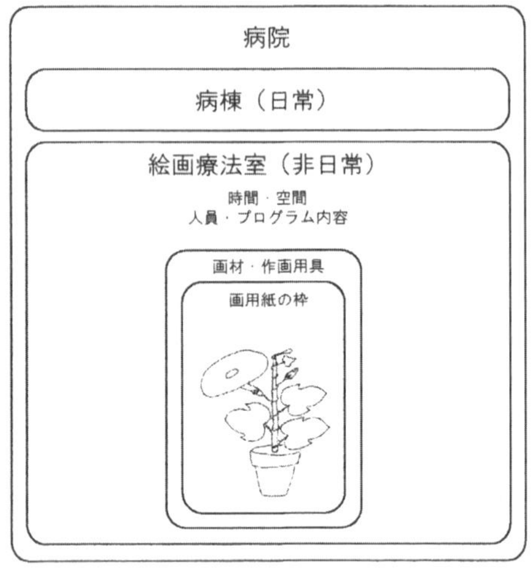

図 13－1　A 氏を取り巻く治療的枠組み

3. 具体的な現場から 2（認知症高齢者）

（1）認知症高齢者と芸術療法の概要

認知症とは「一度発達した精神機能が脳の器質的障害により病的に低下した状態」をいう（宮原・稲谷, 2003）。日本は世界有数の長寿国であり，2020 年時点の高齢化率[(4)] は 28.8％と，他国と比較して高い水準を示している（内閣府，2021）。厚生労働省の報告（2019）によると，2012 年度時点でわが国の 65 歳以上人口 2,874 万人の認知症有病率は 15％であり，認知症有病者数約 462 万人であった。各年齢層の認知症有病率が 2012 年以降も一定と仮定した場合，令和 7 年（2025）の有病率は 19.0％（675 万人）に増加すると推計されている（厚生労働省，2019）。高齢者の介護を社会全体で支えあう仕組みである介護保険法が 2000 年に施行されて以来，認知症高齢者への対応の全体的なレベルアップが要求され，現場ではさまざまな非薬物療法としての治療的アプローチが導入・実践されている。それらのアプローチの一つである芸術療法は基本的にBPSD（行動・心理症状）およびQOLの改善を試みるものである。認知症高齢者にみられるBPSDは，単に知的機能の低下だけでは理解することはできない。それまでに形成されてきた人格や人間関係などの個人の心理的背景に目を向け，認知症高齢者の話に耳を傾けることによって理解につながる（宮原・稲谷，2003）。認知症高齢者を対象とした心理療法としてはまず回想法(5)が挙げられる。そしてGoldsmith（1996／2008）はコミュニケーションにおける非言語的表現の伝わりやすさを強調し，音楽・ダンス・アート・ドラマなどの継続的な取り組みを推奨している。このような認知症高齢者を対象とした芸術療法は，わが国では音楽が代表的であるが，絵画やクラフト（手工芸），陶芸などの造形的表現も1970年代から実践されてきた（中川，1993）。また，近年ではコラージュや箱庭などの表現方法を使用した芸術療法も，認知症高齢者の現場で実践・研究されてきている。

（2）認知症高齢者における芸術療法の基本構造

認知症高齢者における芸術療法とは，創作活動の過程において，および制作された作品を前にして，「表現する」こととそれを「受容・共感する」ことを，患者と治療者でやり取りを繰り返し，芸術という非言語的な媒体を用いてコミュニケーションを促進し，認知症高齢者が今いる環境（施設，家庭，療法場面）の中に，個別の「居場所」と「アイデンティティ」づくりを行うものである。なお，認知症高齢者にとっての「居場所」とは「どのような自分でも受け入れられる」「どのような表現をしても受容される」という安心感が存在する場所である。また，芸術療法は芸術作品を完成させることが目的ではないこと，および治療者を含めたスタッフが作品を批評しないことを共通認識として徹底する必要がある。そして，芸術療法を施行するにあたっては，入院・入所・通所のいずれの治療状況においても，個々の認知症患者に対し全体的な治療目標・計画を立て，芸術療法が果たせる役割を予想し，適応を吟味しておかねばならない。つまり，この患者が安心できる「居場所」づくりのための共通認識と全体的な治療目標・計画の流れは，前節から述べてきた芸術療法を成り立たせる「治療的枠組み」である。認知症高齢者における全体的な治療目標と療法的側面についての詳しい説明は，表 13 - 2 と表 13 - 3 を参照されたい(6)。

表 13 - 2　認知症高齢者における芸術療法の治療目標について

	目標	理由	得られる成果
1)	日常生活に「日常」と「非日常」を再構築する	• 役割や生きがいの喪失 • 基本的な生活能力（食事・睡眠・排泄・入浴・身だしなみ等）の低下 →　労働的な要素を含んだ「日常」と心地よい快感を得られる「非日常」の機会を失い，うまく時間を過ごせず混乱する。	芸術療法が「非日常」として生活の中に組み込まれることで，生活にリズムを生む。
2)	感情体験を豊かにする	• 長期記憶は保たれている。 • 感情を伴う記憶は鮮明に残ることが多い。 • 喜怒哀楽を伴う体験や，好き嫌いなどの本能的な体験は新たに記銘され得る。	芸術療法が感情体験を豊かにすることで，生活に変化を生み，記憶を促す刺激となる。
3)	適切に記憶を刺激する	• 新たな記銘・保持能力が得られる機会（好ましい他患やスタッフの存在等）があったとしても，短期記憶能力全般の改善にはつながらない。 • いつ作品づくりをしたかは忘れても，作品を見て，当時の感情体験や自身の想いを思い出すことができる。	自身での創作（自己表現）⇒ スタッフの関わり ⇒ 作品についての想いを話す場，といった一連の「場」と「動機」を提供する芸術療法の流れが，自然に記憶の保持と想起につながる。

表13－3　認知症高齢者における芸術療法の療法的側面の役割と効果について

	療法的側面	役割	効果
1)	精神療法的	• 原則として1対1。 • 治療者に対するメッセージに関して治療者と患者の間に起こる「行動化・転移・解釈」などを治療的に用いる。 • 1つの作品からだけで解釈しない。	• 1対1での関わりは実際の現場では難しいが，認知症高齢者が表現したものに対する個別的な理解と受容の姿勢として重要である。 • 精神状態を全体的な流れとして理解できる。
2)	回想法的	• 同じテーマ・内容が何度も繰り返し表現されることに対応する。（繰り返すことは，単に記憶障害による理由からだけではなく，患者にとって重要な意味があると考える。） • 患者自身が話しながら自分なりの思考や感情の整理およびまとめをすることに対する援助	• 後悔や悲しい想いなど，患者の心に体験として記憶に残るものを自分自身の人生の中の一部分として組み込み，方向付けを行い，意味あることとして再統合できていく。（ただし，客観的な事実として正しいかどうかは別問題。）
3)	作業療法的	• 持続して集中することに対する援助 • 作品を完成させる • 作品および制作過程を通した会話 • 技術的な上達	• 参加への意味を見出し，モチベーションを向上させる。 • 他患との会話に広がりを持つ。 • 仲間意識を持つ，評価する・される，競争する，協調するなど対人関係能力の向上 • 達成感・充実感（作品が家族に受容される，等）
4)	レクリエーション的	• 季節ごと・月ごとの行事などの非日常性 • 楽しみを重視	解放感，ストレス発散，遊びの感覚，休息
5)	心理社会的	• 家族への作品譲渡 • 作品展示会—本人とともに作品を鑑賞する機会	家族による残存機能や患者の健康的側面の発見により，認知症の症状は患者の一部分にすぎないということの理解を現実的に進め，協力を促す。

（3）認知症高齢者の事例：B氏〜羊毛の桜で表現されたその人らしさ〜

ここで，重度認知症高齢者の絵画造形療法の事例（森，2018）（写真13－6）を紹介し，作品制作過程および作品を通して認知症高齢者に寄り添う治療的な関わりについて具体的に説明する。

事例：B氏　認知症高齢者グループホーム（入居者9名）に入所中の90代前半の女性。認知機能障害レベルは重度（MMSE(7)は3点）。この日の絵画造形療法のテーマは「桜」で，羊毛や毛糸を黒い台紙に貼る作品づくりを行った。B氏は材料にとても興味を示し，丸められた羊毛を一つ一つ「よしよし」となでるような仕草をしたり，「はーい，て言いんしゃい（言ってごらん）」と話しかけたりしながら，画用紙の上に整列していった。台紙に羊毛をのりで貼る作業は理解できないようだったため，治療者がのりづけを行った。〈題名はどうしましょう〉と尋ねると，B氏は「わかりません」と無表情に答えた。B氏が過去に自宅（お寺）で保育園を営んでいたという生活歴を治療者は思い出し，〈これは赤ちゃんみたいですね〉と言うとB氏は「そうですね」とぱっと笑顔になられた。〈題名は『桜の赤ちゃん』というのはどうですか〉と提案すると「それにします。ありがとうございます」と言われてお辞儀をし，壁に作品

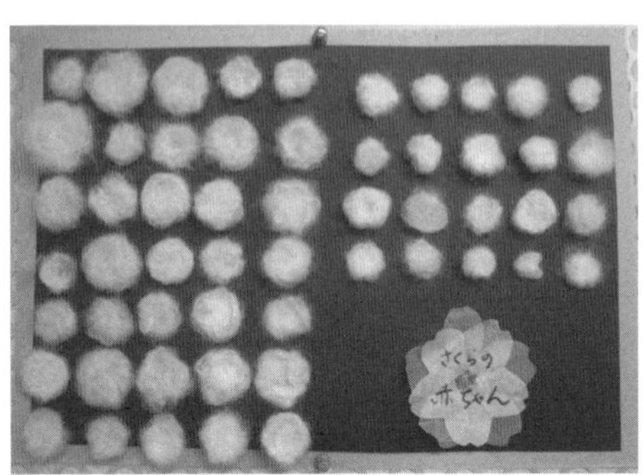

写真13－6　桜の赤ちゃん

を貼ったあとも，「赤ちゃん，赤ちゃん，かわいいね…」と笑顔でつぶやきながら作品を眺めていた。また，他の入居者らからも「桜の赤ちゃん，かわいいね」と声をかけられ，とても嬉しそうであった。その日は一日を通してＢ氏は穏やかに過ごすことができたそうである。

認知症のレベルが重度になると，作品づくりの意味やテーマ，作業内容を理解できない場合が多い。また，適切な言葉をすぐに想起できないため，題名をつけるなどの言語的なタスクは大きな負荷となる。そのため，認知症高齢者が表現したイメージとそれに伴う感情を作品および制作過程から治療者は感じとり，題名をつける（言語化する）手伝いを行うことが敢えて必要なことも多い。そして，作品をつくることが失敗感や羞恥心の刺激につながることを防ぐために，制作時の混乱を避けることが重要である。具体的には，見本の提示（完成したイメージを明示），材料・道具のわかりやすさ（食べ物ではないことや，何に使うものかを明示），工程の細分化（今何をしているか忘れにくくする）などの段取りを，準備段階で計画的に行うことである。このように制作時において，認知症高齢者特有の認知や感情に対する理解と，それに対応した準備があることで，認知症高齢者は安心して作品づくりができるのである。

上記の段取りの中で，「見本の提示」は自由で個性的な表現を阻むのではないかと懸念されるかもしれないが，見本によって完成イメージとテーマが明示されることがもたらす安心感の方がメリットは大きく，かえって個性的な作品につながることが多い。特に季節に関するテーマを見本によって明示することは，患者の見当識に働きかけることもでき，周りの人（家族，病院や施設の職員や他の患者など）と過ごす現実生活と，患者の個人的な回想や想いをつなぐことができる。Ｂ氏の具体例に沿って説明すると，治療者の提示したテーマ（桜の季節）と素材（羊毛の手触りや色）からＢ氏が春らしさを感覚的に感じ，触発されて出てきた動作（丸めた羊毛をなでる・幼い者に話しかけるような発話）や連想（小さくてかわらしいもの）が形になり（羊毛を並べる行為），そこに治療者がＢ氏の感じているであろうイメージに言葉を探りあてたことで（「桜の赤ちゃん」），Ｂ氏の内面に存在しつつも言葉にならなかったイメージが他者に直感的に伝わった。他者とＢ氏の世界が通じあう実感をお互いに持つことができ，Ｂ氏は温かい反応を周囲から得られ，喜びや安心を感じることができたと考えられる。

このように，認知症高齢者にとって芸術療法はコミュニケーションの助けになっている。作品とそれを作る過程がコミュニケーションにおける不安を軽減させ，自己表現をして良かったと感じられる体験となる。それは認知症高齢者にとって「ここにいて良いのだ」と心から感じられる体験であろう。芸術療法で作られた作品および創作過程を通して自分の過去を回想し，自身の記憶の中の世界に触れる体験に誘導することで，高齢による喪失体験と認知症による能力喪失のために失われた自然，社会，人，自分とのつながりを再構築して，「その人らしくいられる居場所」を感じられることが，認知症高齢者を対象とした芸術療法で目指すところである。

〉〉注記

(1) パリに本部を持ち，精神科医師中心で表現病理の研究を目的としている専門学会。表現精神病理学とは「各種の精神疾患や神経症患者などの表現した描画や造形作品を研究・考察することによって，その病理との関連を検討し，治療上にも有意義な研究成果の情報を得ようとする学問」である（徳田 1998 p.15）。

(2) 常時開館はしていないため，見学希望者は嬉野温泉病院のホームページから申込みが必要。http://www.yuhokai.com/geizyutu7.html

(3) 本事例は，臨床描画研究 20 号 p.73-89（2005）に全文が掲載されている。紙幅の都合上この事例の説明はかなり簡略化されている。興味を持たれた方は全文をご一読いただければと思う。

(4) 65 歳以上人口が総人口に占める割合。

(5) 米国の精神科医バトラー（Butler, R.N.）によって 1960 年代に提唱され，日本には下仲順子らにより 1980 年代に導入された。

(6) この表 13 - 2 および 13 - 3 は，引用文献にある中川龍治（2003）の内容を表に起こし，この度の原稿作成にあたって多少加筆修正したものである。

(7) Mini Mental State Examination ミニメンタルステート検査。認知症のスクリーニング検査として国際的に使用されている神経心理検査。1975 年にアメリカの Folstein 夫妻によって開発され，2006 年に日本語版が杉下守弘により作成された。

引用文献

Goldsmith, M.　Hearing the Voice of People with Dementia, Jessica Kingsley Publishers Ltd, London, 1996.（高橋誠一（監訳）・寺田真理子（訳）．私の声が聞こえますか　認知症がある人とのコミュニケーションの可能性を探る．雲母書房，2008.）

黒川由紀子．認知症への非薬物療法　創造的活動としての「書」．老年精神医学雑誌，19（3），349-355，2008.

厚生労働省ホームページ．認知症施策の総合的な推進について．https://www.mhlw.go.jp/content/12300000/000519620.pdf（2019）

宮原英種（監修）・稲谷ふみ枝．高齢者理解の臨床心理学．ナカニシヤ出版，2003.

森里子．高齢者と芸術療法—嬉野温泉病院の実践—．西日本芸術療法学会誌，46，21-25，2018.

内閣府ホームページ．令和 3 年版高齢社会白書 高齢化の状況 1　高齢化の現状と将来像．https://www8.cao.go.jp/kourei/whitepaper/w-2021/zenbun/pdf/1s1s_01.pdf（2021）

中川龍治．非薬物療法　芸術療法，痴呆症学（1）——高齢社会と脳科学の進歩——臨床編 Ⅸ．痴呆の治療法，日本臨牀，61．増刊号 9，557-561，2003.

中川龍治．統合失調症 S 氏の描画と「生きること」 56 歳から 80 歳まで絵を描き続けたケースを通して．臨床描画研究，20，73-89，2005.
中川保孝．実践芸術療法．マキノ出版，1993.
日本芸術療法学会　公式ホームページ．http://www.jspea.org/rule/index.html
高江洲義英．3 イメージ表現の心理学 ── 芸術療法とそれを包む場．飯森眞喜雄．編芸術療法［新装版］．日本評論社，2019.
徳田良仁．絵画療法 I　イメージ絵画精神療法の理論と実際．徳田良仁･式場聰 編．精神医療における芸術療法．牧野出版，1982.
徳田良仁．精神医学と芸術療法．徳田良仁・大森健一・飯森眞喜雄・中井久夫・山中康裕 監修．芸術療法 1 理論編．岩崎学術出版社，1998.
徳田良仁・伊集院清一．1　芸術療法総論．飯森眞喜雄 編．芸術療法［新装版］．日本評論社，2019.
山中康裕．個人心理療法（精神療法）と芸術療法．徳田良仁･大森健一･飯森眞喜雄･中井久夫・山中康裕 監修．芸術療法 1 理論編．岩崎学術出版社，1998.

14　イメージの現場から 3

── 素材と環境 ──

佐藤仁美

《学習のポイント》 イメージを紡ぎ出す装置，あるいは，イメージを育む器として存在する表現の場である環境としての部屋空間と，表現を促し視覚形状化する元となる素材などをテーマに考える。
《キーワード》 環境，素材，ものがたり，ものづくり，アート・アズ・セラピー，対話

1．イメージを紡ぎ出す器としての環境

前章まで，実際にアートを用いた治療現場の紹介を行ってきた。本章では，表現の場を多角度から考察してみたい。

環境建築家の仙田満（2009・2021）は，子どもの育む環境に大切なものとして「あそび」を中核に置いている。仙田は，子どもにとっての遊びとは，①自由であること，②楽しいこと，③無償であること，④繰り返されること，を基本条件としている。そのあそびを通して，子どもたちは，①身体性の開発，②社会性の開発，③感性の開発，④創造性の開発，という４つの能力を獲得していく。子どもの生活のほとんどが遊びに費やされることから，「あそび環境とは，ほとんど育成環境ということができ」，①あそび空間，②あそび時間，③あそび仲間，④あそび方法，の４つの要素に構成されると説く。

実際，仙田の手掛けた『こどものあそび環境』である保育園や幼稚園などでは，壁に暖かなクリーム色や淡いピンク色が使われている。それらの色は，幼児たちをそっと包み込み，安心してさまざまなことに取り組むことができる魔法の色彩である。園庭には自然素材を生かした遊具，室内にも遊び心満載の装置が仕掛けられている。踊り場には休息できるスペースがあったり，園舎と園舎をつなぐ廊下代わりに，ハンモックのような渡り廊下が設置されたりする園もある。園舎・園庭・遊具が

一体化し有機的につながる空間は，遊び心に満ちあふれ，子どもたちにとって非常に魅力的であり，イメージが活発となり，健やかな成長を育んでいる。筆者は，2012 年に『色を探究する 13』のロケに同行した。仙田の設計した保育園の門をくぐった瞬間，子どもたちの生き生きとした姿，輝く瞳，その子どもたちを包み込む遊びの空間に出会い，筆者自身も，そこでいつまでも遊んでいたい，次はこんな遊びができるのではないか，という想像を掻き立てられた。育む場の本質に触れた瞬間であった。

心理臨床の場でも，クライエントの表現を保障する場として，面接室やプレイルームではさまざまな注意を払っている。物理的空間としての設置場所，隣室に音が漏れたり入り込んだりしない防音設備，適度な室温や換気（感染症対策など），採光と遮光などによる明るさ（明るすぎず暗すぎないほどよさ），室内臭への配慮（前相談における残り香など），内的作業に集中できる室内の色（壁紙・机や椅子などの家具），ドアや窓の配置など，さまざまなことに気を配っている。クライエント―セラピスト双方にとって，ほどよい五感の空間が備わっていることが鍵となろう。

これら物理的なハードな面とともに，ソフトな面として，セラピストがクライエントにとってのこころの器ともなるため，セラピスト自身のコンディションを整えておくことも求められる。一つの考え方として，セラピストもセラピーの場の一部であり，セラピストを含めたセラピー空間が，クライエントの守りであり，すべての条件が程よく整ったとき，クライエントにとって，自らと向き合え，自由に自らを表現しうる場となる。

芸術療法の現場でも，落ち着いて自己との対話をなすことのできる環境が必要である。例えば，箱庭療法を行う際に，棚の玩具の並び方一つをとっても，イメージの広がりや深まり，クライエントが思うところの表現に結びつけられるか否かが決まってくる。砂箱の砂のメンテナンスも同様である。具体的には，砂の色・量・質感，玩具の数・種類・棚の中の配置の仕方なども大きく影響する。クライエントが入室する前に，箱庭環境を整えておく準備が必要である。このように箱庭に向き合う際も，カルフ（1966）の「自由にして保護された空間」があって初めてクライエントは自己と向き合い，砂箱に自らの世界を展開できる。

イギリスの小児科医・精神科医・精神分析家であり対象関係論で有名なウィニコット（Winnicott, D.W., 1979）は，「遊びにおいて，遊ぶことにおいてのみ，個人は，子どもでもおとなでも，創造的になることができ，その全人格を使うことができるのである。そして，個人は創造的である場合にのみ，自己を発見するのである」と記し，「このことは，遊ぶことにおいてのみ，コミュニケーションが可能であるという事実とも関係がある」ことを付け加えている。遊びという「やり取り（interchange）」によって，クライエントとセラピストが「交叉同一性（cross − identification）によるコミュニケーション」を行っていくわけだが，そこには，互いの信頼関係が必要である。この信頼関係の樹立により，潜在空間・中間の遊び場（intermediate playground）・中間領域（intermediate area）が生かされ，現実的遊びから象徴的遊びへと発展し，「過去・現在・未来を結合，つまり，時間と空間を圧縮」し，「信頼性を体験し，信頼性を確信することにより，自分から自分でないものの分離が可能」になり，一人でいられる能力（The Capacity to be Alone）が機能するようになる。クライエントに自分らしく一人でやっていける能力が身についてくると，やがて終結を迎えることができる。セラピストが保護空間を提供することで，クライエントはセラピストとの一時期の融合的一体感の経過後，象徴化，または内在化し，独立しながらもつながっている信頼感と安心を得ることができ，セラピストは，次第に退く存在となるであろう（佐藤，2008）。セラピスト自身が，クライエントにとっての「自由にして保護された空間」を提供し，また，自身が保護空間となり得るのである。

2. 素材

クライエントのための保護空間は，セラピストの存在と，そこにある「もの」によっても大きく影響する。

図工・美術教育において内野（2016）は，子どもたちが造形活動を行うにあたり，素材の大切さに着目し，子どもと素材であるものとの体験を通した関係性から生まれるものを「つくりあいの造形」と呼んでいる。自己表現において，子どもたちが「自分で感じ，考え，決め，創り上げることに意味」があり，「造形で出会う多様な現象にしっかり対峙するのは，個人であり，1人」であるが，実際には「『もの』と一緒に考え」「ものから教えてもらったりする」ことがあり，「ものの変容は，子どもと『もの』との，つくり合いの跡形でもある」と説いている。そこには，「『客観的な位置』から造形を見ている『自分』」の存在があり，「自分ともう一人の自分との会話のやりとりは，活動内容を客観視することや，自己決定の動因」となる。さらに，子ども同士の集団での活動機会によって，「一人でつくることの大切さ」から「決して一人でつくっているのではない」次元に達し，「集団でつくるとは，一緒に一つのものをつくるだけにあらず，一緒にものをつくっている空間をともにすること」であり，「一人ひとりの取り組みが『つくり合いの場』として共有」される。「つくりあいの造形」は，素材を通して「共通目標」を持つことができ，ものと個人，個人と個人という「相互を結びつけ」る働きがあり，「個人の造形と同様に，素材が誘い，素材との関わりから目的が達成」される。グループでの造形においては，「他者と関わりながら」造形への思いを共有する「同志」感情も芽生えることがある。

これらのグループ制作プロセスは，芸術療法などのグループ制作プロセスにも通じている。メンバー一人ひとりの「もの」との対話の中に，内野（2016）の「『客観的な位置』から造形を見ている『自分』」の存在があり，自分ともう一人の自分との会話のやりとりには，「活動内容を客観視することや，自己決定の動因」が存在する。また，心理臨床におけるグループ活動後のシェアリングでは，制作プロセスをも含めて「つくりあい」のシェアともなり，その結果，相互作用が起こり，自己以上の大きな力を発揮できることにつながりうる。また，グループ制作において，苦手な者には得意な者がカバーしたりして互いに補い合い，個人と個人という「相互を結びつける」働きもある。内野（2016）の言うところの，「個人の造形と同様に，素材が誘い，素材との関わりから目的が達成」され，グループでの造形において，「他者と関わりながら」造形への思いを共有する「同志」感情も芽生えることを，心理臨床・芸術療法の世界に置き換えると，以下のようなことだといえるであろう。つまり，セラピストやセラピー環境に守られながら，クライエントは素材との出会いやそれらとの対話を通して自己と向き合い，自己治癒の方向性を見出していくという個人的作業とともに,「もの」を通して他者（の世界）にふれ，ともに歩むと同時に，自らにもフィードバックされ，共通意識を持ちながら，各々の違いをも分かち合うことといえるであろう。根本には，いかにその人がふれることのできる素材である「もの」と出会えるかが，鍵となろう。

保育者と子どもが楽しみながら育ち合う関係・環境づくりを支援する桐嶋（2021）は，「保育者の負担を減らす日常的活動としての遊びを保育に取り入れ」る「そざい探究あそび」を考案した。造形において，何をつくるか決めない「見て，ふれて，感じて，素材にとことん向き合う遊び」を提案している。素材にふれた大人自身が，何か作ってみたいと思えることの重要さは，心理臨床場面において，セラピストにも同様にいえることである。

臨床心理士の栗本（2018）は，「自分と素材（もの）とが，同時に同じ重みをもって存在する偶然の出遭いであり，まさに一期一会に他なりません。そこでは主客や主従の関係はなく，また境界が曖昧です。そのような素材との出会いを通して，素材が語りかけてくるもの，誘いかけてくるものに耳を傾け，自分の内面との交流が始まります」と，クライエントが自分と向き合い，自己表現するために，素材の大切さを説く。その素材はセラピストによって提供されるものであるため，セラピスト自身が日頃から素材にふれ，対話しておく大切さも説いている。つまり，素材を提供できるためには，セラピスト自身が素材を知っておく必要がある。いろいろな素材にたくさんふれ，対話し，自らのイメージ力・創造性を広げ深めておくことが求められる。

素材にふれるとは，五感を用いてアプローチすることである。栗本（2018）は，「五感を通した身体感覚の体験の積み重ねが，感性（sense）を育てるのです。感性は生まれつきの才能と考えられがちですが，決してそうではなく，さまざまな日常の体験を通して育っているものです。感性は，日常的な遊びや周りの環境の中ではぐくまれていくものと言えるでしょう」と述べている。

3. ものがたり・ものづくり

環境が整ったところで，初めてクライエントは安心して自己表現を始めることができる。心理臨床の場では，言葉を介したやりとりが基本ではあるが，言葉にならないもの，言葉になる前のもの，言葉を紡ぎ出すものなど，一見，黙する表現の内に秘められた思いが微妙な色合いをもって存在する。セラピストは，クライエント（の表現）をそっと見守り，「もの」いうことができるように支援することが求められる。

「ものがたり」について松森（2006）は，「『もの』自身が語るという側面と，『もの』について人が語るという側面」があり，「心理療法とは，『もの』が語りやすい状況を設定し，クライエントとの対話を通して『もの』の語り，すなわち『もののけ』にセラピストが耳を傾け，コンテインした『もの』についてクライエントに語るというプロセスを通して，クライエントと共同で『物語』を紡ぎ出す営為と言い換え」られ，「このようにして明らかにされる『もの』の正体は，『物語的真実』」であると指摘する。さらに「『もの』にはまた，目に見える物質的存在を指す側面と，目に見えない精神的な存在を示す側面とがある。『もの』について語るということは，否応なく意識的世界と無意識的世界を橋渡しするということでもある」と指摘している。

松森（2006）の「ものがたり」を，クライエントのかたりの一つである「ものづくり」に還元するならば，素材という「もの」自身が語（りかけてく）るという側面と，プロセスをも含めた表現された「もの」について人（クライエント）が語るという側面があり，芸術療法において「もの」が語りやすい状況を設定し，クライエントとの対話を通して「もの」の語り，すなわち「もののけ」にセラピストが耳を傾け，コンテインした「もの」についてクライエントに語るというプロセスを通して，

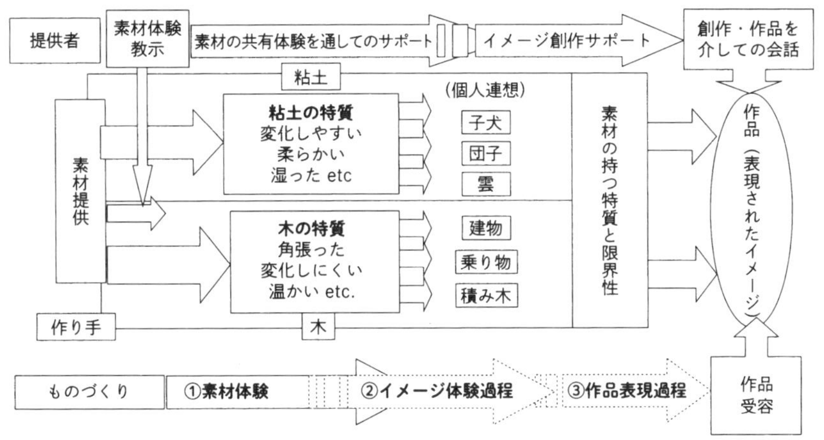

図 14－1　ものづくりのプロセス

（出典：栗本美百合（2018）．学校でできるアート・アズ・セラピー：心をはぐくむ「ものづくり」．誠信書房，P32）

クライエントと共同で「物語」を紡ぎ出す営為（徳田（1971）の『視覚的・言語的コミュニケーション』）と言い換えられるであろう。このようにして明らかにされる「もの」の正体は「物語的真実」であり，それには目に見えやすい形で表された物質的存在でもある「もの」，目に見えない内に込められた精神的な存在を示す「もの」がある。「もの」について語る（視覚的コミュニケーション）ことで，意識的世界と無意識的世界を橋渡ししている。

栗本（2018）は，「ものづくりのプロセス」として，①素材体験，②イメージ体験過程，③作品表現過程，としてまとめている（図 14－1）。

①素材体験

作り手が素材にふれることによって起こる五感を通して素材を知覚し，その特質に沿って身体活動を行うことで，素材を変化させながら素材の可能性を見出していくプロセスである。豊かな素材体験がなされることで，イメージ体験を豊かにする可能性が生まれてくる。頭で考えることから身体感覚を使った遊びのような体験になることが望ましい。

②イメージ体験過程

素材体験と並行して生じてくる，素材の特質が作り手の記憶や体験と結びつき，個人的で主体的なイメージの連想を促すプロセスである。言語化しにくく，形としての表現として現れにくい側面もあり，意識して言語化されない限り取り上げられないことも多い。それゆえに，受け取り手はプロセスの中で起こりうるイメージの存在を感じておく必要がある。

③作品表現過程

素材体験において，素材と感覚的に遊ぶことによって五感でとらえていたものが，イメージ体験過程の中で形や知的なものと結びつき始め，何らかの表現が顕在化する。素材体験とイメージ体験過程の相互作用の中から作り手が一つのイメージを抽出し，内的なイメージを作品として表現していくプロセスである。臨床現場では，作品を通して分かち合い，シェアリングの形をとるなどして，作り手との間で言語的なやりとりがなされることも多い。

4. アート・アズ・セラピー

栗本（2018）は，「創作活動（ものづくり）の中に自己治癒的な力や創造的な力が内包」されており，「ものづくり自体が心理的な健康や心の成長に寄与すること」に，「アート・アズ・セラピー」の意義を見出し，「アートセラピー（芸術療法）」の中には，「アート・アズ・セラピー」の要素が自然と含まれていると指摘している。

「アート・アズ・セラピー」の要素は，「作り手から生まれてきた作品は，目をかけ耳を傾けることで作り手との関係がより深ま」り，「思ってもみなかった作品からのメッセージに気づいたり，創作体験について提供者とはなしていくことで，自分の内面について考えを深めたりするとき」があり，「作り手との隠喩（メタファー）や言葉遊びなどを通して聴こえてくるもの」，「言葉として表現されなくても，イメージに何度も目を向けていくうちにしみじみと感じたり，自然な気づきが生じたりすることもある」こと，「ものをつくるプロセス自体に心を癒し，はぐくみ，成長へと導く要素がたくさん詰まって」いるという，作品としてのイメージと作り手の関係を述べている。さらに，「ものづくりそのものに力があると提供者が確信をもっていれば，素材を安心して手渡し，自由にものづくりを体験する空間を提供」でき，「自由なものづくりの空間は作り手の安心感を高め，自分の存在をもう一度確認できる場」になると，本章の大きなテーマである場づくり，表現を生み出す装置の謎を説いている。

5. 対話としての存在

芸術療法において，クライエントとセラピスト間には，素材の準備段階であるセラピー前，そして，セラピー中，その後の作品とセラピストが向き合う全プロセスを通して，形を変えての視覚的・言語的コミュニケーション（徳田，1971）がなされるといえる。素材の準備段階から，セラピストとクライエントとの関わりは始まっており，見えない対話が紡がれている。一例としてコラージュ・ボックス法を取り上げる。

コラージュの技法には，素材の元となる雑誌類の中から素材となるもの（切片）をクライエント自身で選択して切り貼りするマガジン・ピクチャー法と，予めセラピストが素材として切抜きを準備し，箱に収めたものの中からクライエントが選んで作成するコラージュ・ボックス法がある。雑誌類を準備すること自体も素材準備となるが，クライエントのために選び切り抜かれた素材（切片）の準備の方が，よりクライエントにコミットした行為といえる。そこには見えぬ相手に思いを馳せる対話が成立している。

中村（2004）は，コラージュ療法において，その制作過程から始まる作品を介してのクライエントとセラピストとの対話を「コラージュ語対話」と表し，「ボックス法を実施する上で，治療者はクライエントの病理水準を見立てたり，導入のタイミングを考慮してパーツを準備する。治療者とクライエントとの治療関係においてはすでに，この段階で『コラージュ的対話』が始まっている」とし，それを「前コラージュ語対話」と呼んでいる。

コラージュ・ボックス法の最大の心理療法的行為は，セラピストがクライエントに思いを馳せ，クライエントのために素材を見つけて切り抜き，専用のボックスに収めてセラピーを迎えることにある。筆者も，これまで病院臨床を中心にコラージュ・ボックス法を用いてきたが，セッションからセッションの間の期間は，折に触れて素材集めをしている。このパーツはＡさんが好きそうだ，これはきっとＢさんが使いそうだ，という思いで，あたかもそこでＡさんやＢさんと同時に素材と対話しているかのように素材を選び，切り抜きしている。こころを込めて集めた切り抜きは，セッション時に，クライエントの手により１枚１枚慈しみをもって１枚の台紙に収められていく。時に，「なんで，これ？」との質問もあり，互いの思いを伝え合うことで，さらに関係性が深められることもある。

中村（2004）は，「コラージュ療法過程では，クライエントはコラージュ制作の流れにあって，新たな心的志向性のもとに，作品表現し，自己表現を加えていく。それまでのイメージは，さらにその後の制作体験過程によって加味され展開していく。このシークエンスが治療的に重要な意味がある。治療者が準備したパーツを用いてクライエントが制作していく。そこには準備段階から始まっている治療者のクライエントへのコラージュ的対話の関わりと，クライエントからの治療者へのメッセージの交流が，ボックスのパーツを媒介にして，前コラージュ対話とコラージュ語対話の二重構造的な対話性を包含しているといえるだろう」と述べている。この「前コラージュ対話とコラージュ語対話の二重構造的な対話性」は，徳田（1971）の「視覚的･言語的コミュニケーション」とも通底し，イメージを紡ぎ出す装置・イメージを育む器の核心にふれていよう。

本章ではイメージを紡ぎ出す装置，あるいはイメージを育む器として，その表現の場としての環境と，表現を促し視覚形状化する元となる素材などをテーマに取り上げてきた。放送教材では，栗本美百合先生にイメージの紡ぎ出される場と素材についてお話をうかがう。

参考文献

Kalff, Dora. Sandspiel: Seine therapeutische Wirkung auf die Psyche. Rascher Verlag，1966.

桐嶋歩．何をつくるか決めない造形遊び　そざい探究 LABO（ひろばブックス）．ムック．メイト，2021.

栗本美百合．学校でできるアート・アズ・セラピー：心をはぐくむ「ものづくり」．誠信書房，2018.

松森基子．もの．北山修監修　妙木浩之編．日常臨床語辞典．誠信書房，422-426，2006.

中村勝治．開業心理臨床におけるコラージュ療法．高江洲義英・入江茂．『芸術療法実践座 3　コラージュ療法・造形療法』．岩崎学術出版社，59-75，2004.

佐藤仁美．点々のあいだ：中間領域への接近．放送大学研究年報第 25 号．23-31，2008.

仙田満．こどものあそび環境．鹿島出版会；増補版，2009.

仙田満．環境の中の色彩．佐藤仁美『色を探究する 13』．放送大学教育振興会，2013.

仙田満．遊環構造デザイン　円い空間が未来をひらく．放送大学叢書．左右社，2021.

徳田良仁・二宮秀子・大村るみ子．イメージと絵画療法　日本芸術療法学会誌，3，13-23，1971.

内野務．造形素材にくわしい本　子どもが見つける創造回路．日本文教出版，2016.

ウィニコット，D.W.　橋本雅雄訳．遊ぶことと現実．岩崎学術出版社，1979（Winnicott. D. W. Playing and Reality. Tavistock Publications，1971）.

15　イメージの力

佐藤仁美

camera obscura　17 世紀

《学習のポイント》 イメージの源泉を古来の表現等にたどりながら，昨今のイメージのあり方について，複製技術等の考え方を取り入れながら，オンラインにおけるイメージについても視野に入れつつ考察する。
《キーワード》 一の線，イメージの交換，複製技術，アウラ，プンクトゥム

1. イメージの源泉

ウィニコット（Winnicott, D.W., 1896-1971）が提唱した「相互なぐり描き法（スクイグル法／squiggle)」は，まず，セラピストがクライエントの目前でサインペンなどでなぐり描きしたものを，クライエントに何に見えるかを問い，見えたものになるように線を描き足してもらい，そのやり取りを交互に行っていく方法である。ここでは,「視覚的コミュニケーション」（徳田，1971）が同時・経時的に進行し，なぐり描きする「刺激を提示する」側と，それが何に見えるかを想起し描き上げる「イメージを受け取り，投影し，表現する」側のやり取りにより，イメージの交流・交換が行われるが，そのロールを交代しながらやり取りを重ねていくことで，幾層ものイメージの交換がなされ，関係性が深まっていく仕組みとなっている。その契機は，初めに描く「一本の線」にある。これは，連句における発句的役割にも値する大切なものである。なぐり描かれた一本の線は多様性を帯び，何に見えても構わない。どう捉え，どう表現していくかは，受け取り手に任されている。その受け取り手であるイメージの表現者によって，なぐり描きからイメージが引き出され，表像に結びついていく。ラカン派の新宮（2001）は，スクィグルを「言語活動の本質の一部が，絵の形で突出したもの」として捉え，誰しも意識的・知覚的に「見えていない（見ないようにしている)」ものを可視化した部分を，送り手が現前化させることは,「一の線」を送るこ

とにより受け手に「一の線」が再現化され，「再び見えなくするために，しかし，それを活かしながら」描き加えていくことにより，「自分を世界に定位」していく自己存在の確認であり，自身の居場所をつくることと説く。ラカン派は「『一の線』を残して消え，そこは患者が自分を語るための場所へと変じ」るが，スクィグルでは，双方の痕跡が残ることとなり，それを繰り返すことにより「因縁の付け合い」ができる。誰かにまなざしを向けられ『自分には見えていない』部分が世界のどこかにあるということは，世界の中に自分の居場所が確保されているということでもあり，そのまなざしは「一人の人間」として認められていることを意味する。分かちがたい関係性の中で，「一人の人間」としての「切れ目」は，個人を尊重したまなざし所以であろう。新宮は「その『切れ目』にある『目』が，我々を『一人の人』として数えてくれている，これが，我々が自分を世界に定位する基本的な形」であると説く。

スクィグルの刺激線と同様の役割を果たすものは，洞窟等にある岩などの凹凸，地質の濃淡にもあり，古代人が，その凹凸や濃淡（刺激）に動物などのイメージを結びつけ，洞窟画となったという説もある。自然とともに生きる古代人は，「一の線」を母なる大地からのメッセージとして受け取り，それに応える広く深い対話が感じられなくもない。そう考えると，スクィグルは，人類の古層にも通底しており，イメージの源泉は洞窟画にあるともいえるかもしれない。「かつてそこにあった」（バルト，1980 ／ 1985）という存在事実だけが残され，現代の私たちの想像が掻き立てられ，思いを馳せるという時空を超えた壮大なイメージにつながる。イメージ表現の一つであるアートは，洞窟画に始まり，さまざまな形で表現され，時代の流れとともにその表現・様相が変化してきた。

大プリニウス（Gaius Plinius Secundus, 23-79）の『博物誌』（Naturalis

Historia, XXXV.15）には，絵画芸術の起源は「人間の影の輪郭線を辿ること（umbra hominis lineis circumducta)」と記され（奥津，2007），アルベルティの『絵画論』（1435／2011）においても，離れ離れとなる恋人の姿をランプの灯で映し出された影をなぞって壁上に描き，悲しみを癒していたと記されている。「影に見立てた亡き人の存在」は，絵画における一種の時の永劫性，つまり，一瞬を永遠のイメージに昇華させている。それは，そこに存在しない対象を視覚的に常に感じていられるように，切なくはかない究極の選択であったのではなかろうか。現在では，写真や画像などによって，故人に思いを馳せる（イメージする）ことができる。

セラピーにおいてクライエントも，さまざまな形での影表現がなされるが，それは，内なる時の流れ，空間や対象者とのあり方，存在そのものを物語り，今そこに生きていることを示している。

2. イメージの発展　唯一性と複製技術

ベルクソン（1896／2015）は，イマージュ（≒イメージ）を身体の作用そして物質，あるいは物質についての知覚に結びつけ，「常識・共通感覚（sens commun)」を前提とし，「感官をひらけば知覚され，閉ざせば知覚されないものである」漠然としたものであり，「物質の実在と観念の間に位置する」とした。そこには，主体と世界の間に，見る-見られる関係があり，例えば，撮る者と撮られるもの（被写体）と媒介としてのカメラという三項関係がある。

現代では，デジタルカメラやスマホのカメラ機能の発展等により，簡単にその場で枠内に収めた画像写真を見ることができるが，19 世紀初頭までは，ファインダーを覗いて，その枠に収め，カメラフィルムを現像するまで収められたものを確認できなかった。

カメラの原始タイプの「カメラ・オブスクラ（ラテン語：camera obscura）」は，部屋とほぼ同サイズの大きな箱の片方に小さな針穴（ピンホール）を開け，外の光景の一部分からの光が穴を通り，穴と反対側の黒い内壁に像を結ぶというものであった。画家がこの箱の中に入り，壁に紙を貼り，映っている像を描き移すことで，実際の光景を素描するという使い方がなされた。これに物理化学的に光に反応して化学変化するような物質を組み合わせることで，写真機（カメラ）が誕生した。

カメラ･オブスクラとは「暗い部屋」の意をもつ。写真史上,「カメラ」と呼ぶ写真機はカメラ・オブスクラに由来する。「カメラ・オブスクラ」という言葉を最初に用いたのはドイツの天文学者ケプラー（Johannes Kepler，1571-1630）で，天体観測に用いていたと言われている。

初期カメラ・オブスクラは巨大で持ち運びできなかったが，いつでもどこでも使える携帯式に開発された小型カメラ・オブスクラは，旅先でスケッチをしようとするアマチュア絵画愛好家らのみならず，プロの画家たちにも愛用されたという。

1839 年，世界初のダゲレオタイプ（仏：daguerréotype）：ヨウ化銀で感光性をもたせた銅板をカメラに装着して露光し，水銀蒸気で現像する写真術（銀板写真）が，フランスの発明家ダゲール（Daguerre. Louis-Jacques-Mandé，1787-1851）により発明されたことは，画期的なことだった。カメラ・オブスクラ同様，ダゲレオタイプで撮影された写真は一枚しか存在しないが，左右反転した像で，銀板上の定着も悪く，ガラスなどで保護する必要があった。左右反転を改良し，史上初のネガ－ポジ法であり，複製が可能となるカロタイプ（Calotype：Kalos はギリシア語で美しいの意）が生まれた。撮影でネガ（光の色や明るさが反転した画像）を作り，後からポジ（見た目通りの色や明るさの画像）を作るという方法をとり，1 枚のネガから何枚でも写真を作れること（複写）の利点の反面，紙を複写するので繊維が映り込み，ダゲレオタイプのようなシャープさはないが，絵画のような材質を生かした写真となった。

その後，改良が行われて写真湿板，写真乾板が発明され，複製の画質が向上，感度も改善され，露出時間の短縮により外付けシャッターがつけられた。1900 年頃までにカメラにシャッターが内蔵されるようになり，手に収まるほどのサイズに進化，1888 年にイーストマン・コダック社のロールフィルム発売より，現像技術以外は誰でも簡単に扱えるようになった。反射鏡を使ってファインダースクリーンに結像させる機構が特徴である一眼レフやインスタントカメラ・ポラロイドカメラを経て，2000 年以降は，光電変換によって得られた電気信号をデジタルデータ化し，メモリーカードなどの記録メディアに保存するデジタルカメラが主流となり，誰もがいつでも印刷・複製することも可能となった。

第 2 章で取り上げた「ネガティヴ・ハンド」は，ルロワ＝グーランの説に従い「何らかの記号としての機能」を持っていたとしたならば，「指の」という意味で，文字通り「デジタル」となり，「ネガティヴ・ハンド」＝「デジタル・ハンド」と考えられる（港，2001）。これは写真技術のネガ－ポジ法をはじめ何らかのつながる予兆を感じさせないでもない。

写真技術の発展により，より手軽になったデジタル化（簡単・手軽で複写の多量生産が可能）にともない，私たちのまなざし，見る－見られることに関する思考や感覚，意識や認識の在り方が変化してきたようだ。複製技術とイメージ，本物の価値とは何だろうか？

神の時代，芸術は複製不可能な美しさの表現であり，唯一の存在ゆえの神秘≒神の顕現としていたが，複製技術（写真や印刷技術）の普及により芸術も複製可能になった頃より，芸術は神性を失い世俗化されてきた。前述した洞窟画なども，「今，ここ」にしかないという事実を物語っており，そこに神的で唯一性な価値があった。ベンヤミン（1931, 1935-36）は,「時間と空間が独特に縺れ合ってひとつになったものであって，どんなに近くにあってもはるかな，一回限りの現象である」一回性・文脈的価値・礼拝的価値を「アウラ」（aura）とし，「複製技術によって消滅する心的な現象を，包括的に『アウラ』」と呼び，その言葉をもって「事物の権威，事物に伝えられている重みを総括」しようとした。アウラは「従来の芸術作品にそなわる，ある雰囲気」と換言できる（柏木, 2017）。

本来，アウラの生成もアウラ的知覚も自然であった。原始よりアウラやアウラ的知覚に基づいて物理的にも心理的にも充実した生活を送ってきたが，19 世紀以降の科学技術発達により，主体と客体の関係にさまざまな角度からメスが入り，分断，部分化され（プンクトゥム），相互作用の減少によりアウラも減少した。さらに，五感の働きが衰えたり意識の集中が妨げられたりすると，アウラを知覚する能力も衰退し，その結果，アウラの経験の貧困化，すなわちベンヤミン（1935-36）の言うところの「アウラの凋落（ちょうらく）」が発生することになる。複製技術の発展によりアウラを失うとは，複製可能な写真や映画等に「今，ここ」というアウラ性はあり得ないということである。アウラの喪失は個の背景や文脈が背景化し，現実自体が評価されるようになり，大衆化されたことを物語っている。

あらためて，イメージを英語で綴ると「像」「心に描く」などの意「image」となる。「像（imago）」がこの単語のコアな語源とされ，ラテン語 imago「像，模造品，コピー」に行きつく。イメージと模造（模倣），コピー（複製）は，切っても切り離せない関係にあるようだ。

「アウラの凋落」を回復させる鍵は，逆説的に考え，唯一性である五感とイメージと言えないだろうか。

3. リモートとリアル　現代とイメージ

2019年12月に発生した新型コロナウイルス感染症（COVID-19）は，世界レベルでの感染から，私たちの生活は変わらざるを得なくなった。3密（密閉・密集・密接）や，感染リスクが高まる「5つの場面」（①飲食を伴う懇親会等，②大人数や長時間におよぶ飲食，③マスクなしでの会話，④狭い空間での共同生活，⑤居場所の切り替わり）を避けるような行動を心がけることに，何年も注意を払ってきた（新型コロナウイルス等感染症対策推進室（内閣官房））。それにより，職場や学校における感染対策として，可能な限りのテレワークの推奨により，自宅に社会的なものが挿入されることとともに，人との物理的隔たりが大きくなった。学校や職場など，一度も対面で会うこともなく別れを迎えるケースも少なくなく，また，社会参加・体験が激減することにより，社会性を育む機会が失われる可能性も出てきた。出会いの場がオンライン上になったことより，五感の内，視覚・聴覚はある程度保たれつつも，味覚・嗅覚・触覚に関しては，ほとんど断たれたと言うこともできる。しかしながら，リモートであっても，一度でも対面で会ったことがあり，直接的な交流体験があれば，それを生かして，あたかも・そこに・あるかのようなリアル体験につなげられる可能性は高い。また，オンラインによるつながりを続け，積み重ねていくことにより，対面に比べてゆっくりの歩みではあるかもしれないが互いを知り合うこともでき，いつしかまるでそこにともに居るような一体感を覚えることもあり得る。リモート・オンラインというリアルがあり，そこには，「イメージの力」が作用していよう。

写真技術の発見によりイメージの多様性と広がりがもたらされ，大衆化されたが，次ステージでは，大衆かつ個も同時に大切にできるものであることが求められるであろう。デジタル化された無機質な記録ではなく，デジタル化されたとしても心（アウラ）を失わないメモワールとしての記憶であること，写実であるとともに記憶･記録が残され,「そこに･あった」（ロラン・バルト，1980／1985）こと（リアル）を身体感覚を通して，存在を刻み込んでいくことが大切であろう。

原始表現である洞窟画などには額縁はなく，自然のなかに存在し，生活に密着していたと考えられている（高階，1976）。時を経て，額縁の中に絵が収められるようになったが，作品自体は一つの独立した存在でありながら，描かれた被写体は，現実世界のさまざまな事物と関わりあって存在している。絵画表現とは，切り取った一つの世界であるとともに，元の世界との連続性を，ある程度，部分的にも保っていると考えることができる。つまり，絵画表現の特徴の一つは，連続した（エンドレス）風景の中から表現したい部分を切り取ることで，高階（1976）は，「原始絵画というものには，どこで切れるということがない。それがいつか四角い枠のなかに収めるようになったということは，絵が自然から独立したということで，絵画の大革命」であると指摘している。

広大な風景から切り取った額縁枠は，地から図を浮き立たせ，自他（の存在）の境界を作り，区切ることで差異が生じると同時に，自己の内的世界の外にも存在を感じられる可能性を見出し，自己理解・自己主張・自己受容の契機として捉えることができる。枠内に収めることは，流れの断面図を切り取ったにすぎないと捉えがちだが，実は，断面図の中には，すべてが集約されて注ぎ込まれていることが少なくない。つまり，額縁枠の外の世界の存在を暗示し，密接なつながりを示していることにもなる。

写真自体も切り取られた細部「プンクトゥム」（バルト，1980／1985），つまり「部分的対象」であり，そこに集約された思い（イメージ）がある。それを通して，見手は被写体と撮り手に思いを馳せ，イメージの世界に没入していく。それは，「分かちがたい関係性の中で，『一人の人間』としての『切れ目』として，個人を尊重したまなざし」であり，「その『切れ目』にある『目』が，我々を『一人の人』として数え」「我々が自分を世界に定位する基本的な形」（新宮，2001）となる。これは，視覚・聴覚以外の感覚を削がれたオンライン事象にもあてはまり，「細部でありながら，（写真）全体を満たしてしまう」プンクトゥムの力であり，プンクトゥムへのまなざしであり，記憶としてのメモワールをふんだんに活用したりしながら，五感へとつなぐ働きを発揮できるイメージの力ほかならないと思われる。オンラインによる分断（切れ目）は，個を浮き彫りにすると同時に，隔たれたもの同士をつなぐ（つなぎとめる）きっかけを与え，個は，記憶を呼び覚ましながら開かれた目を持ち，全身で感じて受け止め，それぞれの中に潜むイメージの力を発揮するチャンスともなろう。

4. おわりに

イメージの力とは，
点と点をつなぎ，線となり，面となり，立体化することができる。
そして，
人と人とをつなぎ，人と人とのあいだをつなぎ，
人ともの・こととをつなぎ，
ものとものとをつなぎ，こととこととをつなぎ，ものとこととをつなぎ，

人と自然をつなぎ,
我と過去・現在・未来をつなぎ,
自らの内なる自己とをつなぐ,
かけはし的な存在と言えるだろう。

本科目 15 章を通し，それぞれにとって，それぞれの方法で，自らのイメージの力を信じ，自分らしい歩を進めて頂けたら幸いである。

参考文献

アルベルティ，三輪福松訳.『絵画論』. 三輪福松訳. 中央公論美術出版, 2011.（Leon Battista Alberti, Della Pittura《in the Tuscan dialect of Italian》1435／6）

バルト・R.『明るい部屋――写真についての覚書』. 花輪光訳. みすず書房, 1985.（Barthes. R.G., La chambre claire: note sur la photographie. [Paris]: Éditions du l'étoile, Gallimard: Le Seuil, 1980）

ベルクソン・H, 熊野純彦訳. 物質と記憶. 2015.（Bergson. H., Matière et mémoire: Essai sur la relation du corps à l'esprit, 1896）

ベンヤミン・W. 佐々木基一編. 複製技術時代の芸術. 晶文社, 1999.（Walter Benjamin, »Das Kunstwerk im Zeitalter seiner technischen Reproduzierbarkeit [Zweite Fassung]«（1935-36）, in Gesammelte Schriften, VII（1）, Frankfurt am Main: Suhrkamp, 1989, S. 355.）

ベンヤミン・W. 久保哲司訳. 図説 写真小史. ちくま学芸文庫, 1998. 570.（Walter Benjamin, »Kleine Geschichte der Photographie«（1931）, in Gesammelte Schriften, II（1）, Frankfurt am Main: Suhrkamp, 1977; Zweite Auflage, 1989, S. 378.）

柏木博. 視覚の生命力　イメージの復権. 岩波書店, 2017.

小松左京・高階秀爾. 絵の言葉. 講談社学術文庫, 1976.

港千尋. 洞窟へ. せりか書房, 2001.

奥津聖. 絵画の美は影にありき. The Beauty in the painting originated from The

Shadow．山口大学哲学研究．14，23-59，2007．
新宮一成．序文――スクィグルの言葉．白川佳代子．『子どものスクィグル　ウィニコットと遊び』．誠信書房，2001．
新型コロナウイルス等感染症対策推進室（内閣官房）．感染拡大防止に向けた取組．内閣官房新型コロナウイルス等感染症対策推進室（corona.go.jp）．20230216access．
多木浩二．ベンヤミン「複製技術時代の芸術作品」精読．岩波現代文庫，2000．
徳田良仁・二宮秀子・大村るみ子．イメージと絵画療法　日本芸術療法学会誌，3，13-23，1971．

索引

●配列は五十音順，＊は人名を示す。

●さ 行

●た 行

●ら　行

●わ　行

分担執筆者紹介

岸本　寛史（きしもと・のりふみ）

・執筆章→ 4・5・10

1966年　鳥取県に生まれる
1991年　京都大学医学部卒業
2004年　富山大学保健管理センター助教授
2007年　京都大学医学部附属病院准教授
現在　静岡県立総合病院緩和医療科部長
専攻　内科学・緩和医療学
主な著書　せん妄の緩和ケア（誠信書房）
がんと心理療法のこころみ（誠信書房）
迷走する緩和ケア（誠信書房）
緩和ケアという物語（創元社）
いたみを抱えた人の話を聞く（共著　創元社）

橋本　朋広（はしもと・ともひろ）

・執筆章→ 6・7

1970年　福島県に生まれる
2000年　大阪大学大学院人間科学研究科（博士後期課程）教育学専攻修了
2000年　大阪大学大学院人間科学研究科助手
2002年　京都ノートルダム女子大学人間文化学部生涯発達心理学科専任講師
2005年　大阪府立大学人間社会学部助教授
2017年　大阪府立大学大学院人間社会システム科学研究科教授
現在　放送大学教授・博士（人間科学）・臨床心理士・公認心理師
専攻　臨床心理学・心理療法・心理アセスメント
主な著書　心の教育とカウンセリング（共著　八千代出版）
風土臨床（共著　コスモス・ライブラリー）
心理療法の彼岸（共著　コスモス・ライブラリー）
心理療法と祈り（共著　コスモス・ライブラリー）
心理カウンセリング序説（共著　放送大学教育振興会）
臨床心理学特論（共編著　放送大学教育振興会）

北本　福美（きたもと・ふくみ）

・執筆章→ 11

1959 年　石川県に生まれる
1981 年　追手門学院大学文学部心理学科卒業
現在　金沢医科大学精神神経科学講師を経て，非常勤講師
専攻　臨床心理学
主な著書　老いのこころと向き合う音楽療法（音楽之友社）
老いの臨床心理（共著　日本評論社）
音楽療法とヒューマニティ（共著　音楽之友社）
魂と心の知の探求（共著　創元社）
研修用テキスト 基礎課程 高齢者痴呆介護　実践講座Ⅰ（共著　第一法規）
研修用テキスト 専門課程 高齢者痴呆介護　実践講座Ⅱ（共著　第一法規）
芸術療法実践講座 4（共著　岩崎学術出版社）
最新高齢者看護プラクティス認知症ケア（共著　中央法規）
くすりに頼らない認知症治療Ⅱ（共著　ワールドプランニング社）
対話・コミュニケーションから学ぶスピリチュアルケア（共著　診断と治療社）

（執筆の章順）

森　里子（もり・さとこ）

・執筆章→ 12・13

1974 年　大阪府に生まれる
2004 年　クィーン・マーガレット大学大学院アートセラピーコース修了（MSc. Art Therapy）
2017 年　放送大学大学院文化科学研究科臨床心理学プログラム修了
現在　嬉野温泉病院　芸術療法士（絵画療法担当），臨床心理士，公認心理師
専攻　アートセラピー，臨床心理学
主な著書　「イギリスの精神科デイケア施設でのアーツセラピー・グループワーク―日本庭園を造るプロジェクトと絵画造形のショート・プログラムの併行方式」『西日本芸術療法学会誌』第 35 巻（2007），22-28.
「絵画造形小集団療法における治療過程の考察―機能不全家族を背景に持つ慢性統合失調症患者の事例から」『日本芸術療法学会誌』第 46 巻　第 1・2 号（2015），59-67.
「高齢者と芸術療法―嬉野温泉病院の実践」『西日本芸術療法学会誌』第 46 巻（2018），21-25.
「認知症高齢者の箱庭表現の特徴―印象評定を用いた基礎研究」『箱庭療法学研究』第 32 巻　第 2 号（2019），03-14.
「南米移民二世の軽度認知症女性の箱庭にみるアイデンティティの葛藤と老年期の心理社会的発達過程」『箱庭療法学研究』第 35 巻 第 3 号（2023），29-40.

中川　龍治（なかがわ・りゅうじ）

・執筆章→13

1959年　神奈川県に生まれる
1985年　鹿児島大学医学部卒業
現在　嬉野温泉病院理事長・院長
専攻　精神医学
主な著書　「病院芸術療法が作り出す「こころ」を見守る治療空間」『西日本芸術療法学会誌』第31巻（2003），17-23.
「統合失調症Ｓ氏の描画と「生きること」」『臨床描画研究』Vol.20（2005），73-89.（北大路書房）
「ものわすれ外来併設の軽度認知症デイケアにおける取り組み～デイケアと芸術療法の認知症専門力について～」『日本精神科病院協会雑誌』第35巻4号（2016），351-357.
「重度認知症患者に対する薬物療法の現状」『日本精神科病院協会雑誌』第38巻10号（2019），919-928.

編著者紹介

佐藤　仁美（さとう・ひとみ）

・執筆章→ 1・2・3・8・9・14・15

1967年　静岡県に生まれる
1989年　日本大学文理学部心理学科卒業
1991年　日本大学大学院文学研究科心理学専攻博士前期課程修了
現在　放送大学准教授・臨床心理士・芸術療法士・公認心理師
専攻　臨床心理学
主な著書　色を探究する（共編著　放送大学教育振興会）
色と形を探究する（共編著　放送大学教育振興会）
音を追究する（共編著　放送大学教育振興会）

放送大学教材　1529730-1-2411（テレビ）

イメージの力

発　行　　2024年3月20日　第1刷
編著者　　佐藤仁美
発行所　　一般財団法人　放送大学教育振興会
〒105-0001　東京都港区虎ノ門1-14-1　郵政福祉琴平ビル
電話　03（3502）2750

市販用は放送大学教材と同じ内容です。定価はカバーに表示してあります。
落丁本・乱丁本はお取り替えいたします。

Printed in Japan　ISBN978-4-595-32448-2　C1311